UNVERGESSLICHE
FAMILIENMOMENTE

Die kreativsten Spiel- und Spaßideen von
Deutschlands erfolgreichster Familienbloggerin

Marisa Hart

INHALT

Als Dreifachmama, Bloggerin, Autorin und Organisationstalent in allen Bereichen muss ich mir meine Zeit jeden Tag gut einteilen. Das gilt sowohl auf beruflicher als auch privater Ebene. Dabei stelle ich immer wieder fest, wie wertvoll Zeit wirklich ist. Sie ist unbezahlbar und leider auch endlich. Deshalb sollten wir unsere Zeit so intensiv wie möglich nutzen - und zwar zusammen mit den Menschen, die wir lieben. Mit unseren Freunden, unserer Familie und vor allem unseren Kindern.

Gemeinsam kreativ sein, etwas basteln, bauen, spielen oder erleben — das schweißt die Familie zusammen, bringt Kinderaugen zum Leuchten und tut der Elternseele gut. Denn gemeinsame Zeit ist die schönste und zugleich beste Auszeit für die ganze Familie! Aus diesem Grund möchte ich an alle Familien da draußen appellieren: Verbringt mehr Zeit miteinander! Plant abenteuerliche Ausflüge, kreative Bastel-projekte oder lustige Spiele! Lacht zusammen, wagt zusammen, haltet zusammen!

Mein Buch soll euch inspirieren und euch dabei helfen, mehr kreative und emotionale Auszeiten in euren Familienalltag zu integrieren. Dabei solltet ihr nie vergessen, dass ein gemeinsames Projekt nicht immer aufwändig sein muss. Ganz im Gegenteil! Oft sind es die kleinen Momente im Leben, die wirklich zählen. Nehmt euch Zeit für diese Momente, seid füreinander da und lebt das Leben gemeinsam, damit jeder Tag zu einem unvergesslichen Familienabenteuer wird!

Eure **Mari** von

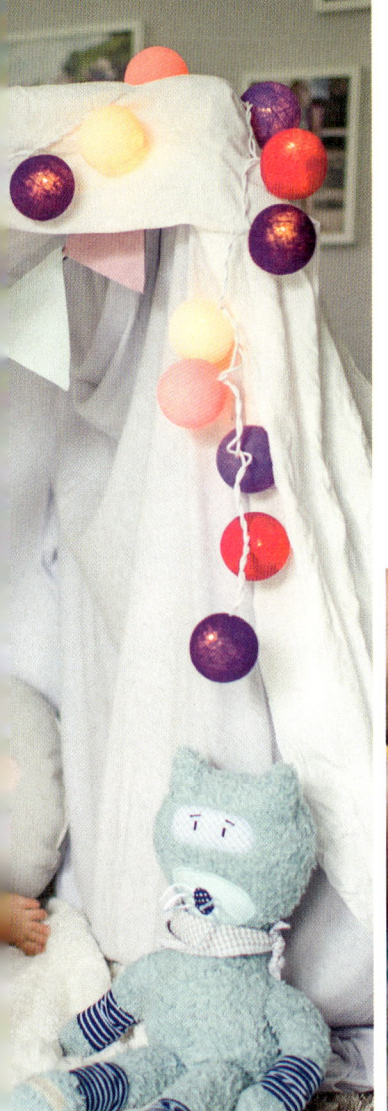

ALLTAGS-
ABENTEUER

Heimisches
FAMILiEN-RESTAURANT

Ich erinnere mich noch sehr gut an meine eigene Kindheit, in der ich es geliebt habe, mit meinen beiden älteren Schwestern Restaurant zu spielen und unsere Eltern auf diese Weise zu überraschen. Dann haben wir Menükarten gebastelt, unsere Eltern das Essen daraus auswählen lassen und anschließend zusammen gekocht. Ganz gleich ob Kinder ihre Eltern überraschen oder alle gemeinsam das perfekte Dinner im Familien-Restaurant kochen – solche Momente sind immer etwas ganz Besonderes.

Das braucht ihr:

- Tonpapier, A4
- Filzstifte
- FIMO®
- einfaches Besteck

1 Für die Menükarte das Papier mittig falten und jeweils 3-4 Vorspeisen, Hauptspeisen und Desserts hineinschreiben. Stöbert anschließend gemeinsam in der Karte und entscheidet euch, was ihr gerne essen und zusammen kochen möchtet.

2 Deckt den Tisch auf besondere Art und Weise ein: mit Kerzen, Servietten, hübschem Geschirr, schönen Gläsern, vielleicht ein paar Blümchen und dem neuen Besteck (siehe Seite 10).

3 Kocht gemeinsam, richtet das fertige Essen auf dem hübsch gedeckten Tisch an und lasst es euch richtig gut gehen.

BESTECK

1 Wählt eure FIMO®-Wunschfarben aus und knetet die Modelliermasse schön weich. Dann rollt ihr lange, gleichmäßig dünne FIMO®-Schnüre.

2 Nun umwickelt ihr das Besteck mit den FIMO®-Schnüren. Dabei sind eurer Fantasie keine Grenzen gesetzt. Am schönsten sieht es aus, wenn ihr mehrere Farben miteinander vermischt.

3 Sobald ihr das Besteck mit FIMO® umwickelt habt, positioniert ihr den Griff am Tischrand und rollt das Besteck vorsichtig vor und zurück. Dadurch wird der Griff schön gleichmäßig.

4 Wenn ihr möchtet, könnt ihr das Besteck noch mit einem Motiv aus FIMO® verzieren oder es mit eurem Namen versehen.

5 Legt das Besteck auf ein mit Backpapier ausgelegtes Backblech und schiebt es bei 110 °C für ca. 30 Minuten in den Ofen. Achtet hier auf die Herstellerangaben.

6 Nach dem Backen muss das Besteck gut abkühlen. Danach spült ihr es gründlich ab und könnt es anschließend benutzen.

TIPP

Füllt ein hitzebeständiges Gefäß mit Sand und steckt das Besteck während des Backens – mit den Griffen nach oben – hinein. Auf diese Weise wird die Modelliermasse gleichmäßig fest.

VERSTECKSPIEL
mit Kuscheltieren

Wie gerne Kinder verstecken spielen, weiß jeder von uns. Allerdings mangelt es drinnen oft an guten, schwer auffindbaren Verstecken, sodass die Kinder immer recht schnell gefunden werden und der Spaß dadurch zu schnell vorbei ist. Doch was passiert, wenn man das Ganze etwas umwandelt und man anstatt sich selbst ein paar Kuscheltiere im Kinderzimmer versteckt? So wird das Suchen und Finden schnell wieder aufregend und spannend!

1 Bildet zwei Teams. Wahlweise spielen die Eltern gegen die Kinder oder ihr bildet gemischte Teams, bestehend aus jeweils einem Elternteil und einem Kind. Ein Team versteckt die zuvor ausgewählten Kuscheltiere, während das andere Team vor der Tür wartet.

2 Wählt für die Kuscheltier-Verstecke sowohl leichte als auch schwierige Verstecke und passt die geheimen Orte dem Alter der mitsuchenden Kinder und ihrer Körpergröße an. Denkt daran, dass nicht alle Verstecke von allen gleich gut gesehen werden können.

3 Sind die Kuscheltiere gut versteckt, ruft ihr das Team vor der Tür wieder zurück ins Zimmer und die Suche kann beginnen.

SPIELVARIANTE

Eine weitere Möglichkeit für Geschwisterkinder ist es, jeweils gleichviele Kuscheltiere in zwei unterschiedlichen Räumen zu verstecken. Anschließend sucht jedes Kind in einem Raum. Das Kind, das als erstes alle Kuscheltiere wiederfindet, gewinnt die Spielrunde.

TIPP

Statt mit Kuscheltieren lässt sich das Versteckspiel auch mit anderen Spielsachen und Gegenständen umsetzen. Dies können zum Beispiel Holzfiguren, Spielzeugautos oder Bauklötze sein.

YUMMY FOOD

Kreative Snacks

Als Mutter von drei Kindern bereitet es mir viel Freude, Mahlzeiten oder Zwischensnacks kreativ anzurichten. Der Überraschungseffekt und die Freude darüber ist jedes Mal riesig und das anschließende gemeinsame Essen macht gleich doppelt so viel Spaß! Am schönsten ist es jedoch, die kreativen Köstlichkeiten gemeinsam vorzubereiten. Auf diese Weise kann jeder mithelfen und eigene Wünsche und Vorlieben äußern.

Gruselige Spinnen-Spaghetti

Das braucht ihr:

- Mini-Würstchen
- Spaghetti
- Ketchup

1 Lasst die Mini-Würstchen abtropfen und legt sie auf einem Teller bereit. Nehmt anschließend ein paar Spaghetti, drittelt sie und steckt vier Nudeln quer durch die Mini-Würstchen hindurch.

2 Die Spinnen-Spaghetti etwa 20 Minuten bei schwacher Hitze gar ziehen lassen, abgießen und auf einem Teller anrichten. Dann tupft ihr mit einem Zahnstocher etwas Ketchup als Augen auf die Spinnen. Fertig!

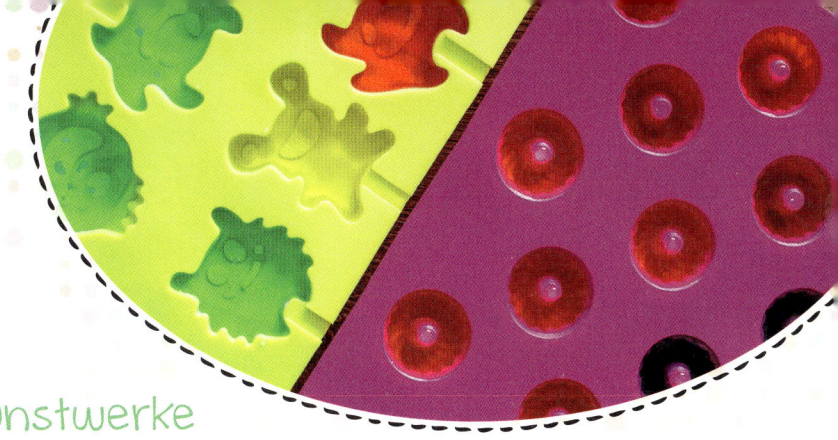

Bunte Wackelpudding-Kunstwerke

Das braucht ihr:

- Wackelpudding in unterschiedlichen Farben
- Blatt-Gelatine
- verschiedene Förmchen
- Speiseöl
- Zitronen und Orangen

1 Bereitet den Wackelpudding nach Packungsanleitung zu und gebt jeweils ein zusätzliches Blatt Gelatine pro Pudding dazu.

2 Füllt den Wackelpudding in lustige Förmchen. Streicht diese vorher mit etwas Öl aus, damit sich der Wackelpudding später leichter lösen lässt.

3 Halbiert die Zitronen und die Orangen längs und entfernt das Fruchtfleisch aus beiden Hälften. Füllt die Obstschalen anschließend mit dem Wackelpudding in unterschiedlichen Farben und stellt eure essbaren Kunstwerke über Nacht in den Kühlschrank.

4 Löst die Wackelpuddingfiguren aus den Förmchen, indem ihr sie auf der Unterseite kurz mit heißem Wasser anwärmt. Die Zitronen und die Orangen schneidet ihr in Viertel und richtet sie hübsch an.

Grundrezept Hefeteig

Das braucht ihr:

- 500 g Mehl
- 70 g Zucker
- 1 Prise Salz
- 1 Pck. Trocken-hefe
- 30 g flüssige Butter
- 180 ml lauwarme Milch
- 2 Eier

1 Gebt zuerst das Mehl, den Zucker, eine Prise Salz und die Trockenhefe in eine Schüssel und verrührt das Ganze. Gebt anschließend die Butter, die Milch und die beiden Eier dazu und verknetet alles gut miteinander – erst mit dem Handmixer, dann mit den Händen.

2 Formt den Teig zu einer Kugel und legt ihn in eine saubere Schüssel. Deckt den Teig mit einem Küchenhandtuch zu und lasst ihn 2–3 Stunden an einem warmen Ort ruhen.

Lustige Hefeteig-Masken

Das braucht ihr:

- Hefeteig
- 1 Eigelb
- verschiedene Nüsse und Körner
- Rosinen

1 Stellt den Hefeteig entweder selbst her (siehe oben) – das geht wirklich schnell und einfach – oder greift auf einen fertigen Teig aus dem Kühlregal zurück.

2 Rollt den Teig auf einer bemehlten Arbeitsfläche aus und zeichnet mit einem Messer Hefeteig-Masken vor. Schneidet die Masken mit einer sauberen Schere vorsichtig aus.

3 Platziert die Masken sofort auf einem mit Backpapier ausgelegten Blech und pinselt sie mit verquirltem Eigelb ein. Verziert die Masken anschließend mit verschiedenen Nüssen, Körnern und Rosinen.

4 Schiebt die Hefeteig-Masken bei 200 °C Umluft für etwa 15 Minuten in den Ofen.

Regenbogen-Pizza

- Hefeteig
- Tomatensoße
- geriebener Käse
- kleine Tomaten
- orangefarbene Paprika
- Brokkoli
- rote Zwiebeln
- Mais

1 Stellt den Hefeteig und die Tomatensoße (siehe links und unten) entweder selbst her oder greift auf Fertigprodukte aus dem Supermarkt zurück.

2 Rollt den Teig auf einem Backblech aus, bestreicht ihn mit Tomatensoße und streut anschließend den Käse darüber.

3 Schneidet die Tomaten, die Paprika, den Brokkoli und die Zwiebeln klein und verteilt das gesamte Gemüse in Regenbogenfarben auf der Pizza: Erst die Tomaten, dann die orangefarbene Paprika, anschließend den Mais, dann den Brokkoli und zum Schluss die roten Zwiebeln.

4 Backt die Pizza bei 220 °C Umluft ca. 10-15 Minuten im vorgeheizten Ofen.

Grundrezept Tomatensoße

- 1 kleine Zwiebel
- 1 Dose gehackte Tomaten
- 1 kleine Dose Tomatenmark
- etwas Ketchup
- Salz, Pfeffer und Oregano

1 Schält die Zwiebel und hackt sie klein.

2 Gebt alle Zutaten in eine Schüssel und püriert mit dem Mixstab eine Tomatensoße.

3 Lasst die Soße in einem Topf köcheln und schmeckt sie zum Schluss ab.

Gemütlicher KINONACHMITTAG

Kino steht für Familienzeit, Popcorn, leckere Snacks und das gemeinsame Abtauchen in eine andere Welt. Kennt ihr diesen Moment, in dem ihr den Kinosaal verlasst und ein Teil eurer Gedanken noch in der Welt des Filmes festhängt, während der andere in die Realität zurückfindet? Ich glaube, genau dieses Gefühl lieben Menschen an Filmen. Kinder genauso wie Erwachsene. Mit nur wenig Aufwand lässt sich ein atmosphärischer Kinonachmittag auch ganz wunderbar im eigenen Wohnzimmer umsetzen.

Das braucht ihr:

- Tonpapier
- Filzstifte
- Popcornmais, Getränke und weitere Snacks
- DVDs
- leere Flasche

Vorlagen Seite 114

1 Bastelt als Erstes gemeinsam Kinotickets. Druckt dafür die Vorlagen am Ende des Buches auf etwas festerem Papier aus, beschriftet die Tickets oder nutzt die vorgefertigte Variante.

2 Macht zusammen Popcorn! Dabei darf jeder mithelfen und beobachten, wie der Mais gegen den Pfannendeckel springt. Weitere Snacks dürfen natürlich nicht fehlen! Platziert diese zusammen mit ausreichend Getränken auf dem Couchtisch.

3 Sucht nun gemeinsam Filme heraus, die ihr euch gern anschauen würdet. Jeder darf zwei Wunschfilme wählen, die anschließend in einem Kreis auf den Boden gelegt werden. Setzt euch um die DVDs herum und lasst durch Flaschendrehen per Zufall entscheiden, welcher Film heute im Kino gespielt wird.

4 Haltet eure Kinotickets bereit, wenn ihr das Wohnzimmer betretet. Macht es euch dann auf der Couch gemütlich. Sorgt dabei für ausreichend Platz, Kissen und Decken.

5 Genießt den familiären Kinoabend in vollen Zügen und fühlt euch dabei wie in einem echten Kino. Lasst es euch gut gehen, schaltet ab und taucht gemeinsam in die Welt des Filmes ab. Viel Spaß!

PICKNICK
im Haus

Für Kinder ist ein Picknick jedes Mal ein Highlight – ganz gleich ob im Garten, auf einem Spielplatz oder ganz gemütlich im Wald. Doch wer sagt, dass das gemeinsame Schlemmen auf der Picknickdecke unbedingt draußen stattfinden muss? Ein Picknick im Wohnzimmer ist mindestens genauso aufregend und manchmal sogar noch spannender als im Freien. Begeistert eure Kinder zum Frühstück oder Abendbrot, indem ihr sie ins Wohnzimmer statt an den Esstisch führt und sie mit einem hübsch angerichteten Picknick überrascht!

Das braucht ihr:

- Stoff in Grün, 150 cm x 150 cm
- Nähgarn in Grün
- kleine gehäkelte Blumen und Marienkäfer
- Geschirr, Becher und Servietten
- Fingerfood und Getränke

Die Picknickdecke

1 Schneidet den Stoff ordentlich zu, sodass ein sauberes Quadrat entsteht.

2 Schlagt die Stoffkanten zweimal um und näht sie mit einem schönen Stich zusammen.

3 Als Letztes näht ihr noch die gehäkelten Blümchen und Marienkäfer auf die Decke.

Das Picknick

1 Verteilt Teller, Becher, Servietten und Getränke auf der ausgebreiteten Picknickdecke.

2 Richtet das Fingerfood für das Picknick hübsch an und wählt Köstlichkeiten aus, die es sonst nicht zum Frühstück oder Abendbrot gibt, damit das Picknick etwas ganz Besonderes ist. Wie wäre es mit Waffeln oder Mini-Pfannkuchen, Baguette mit verschiedenen Dips oder Muffins, Gemüsesticks und Keksen?

3 Überrascht eure Kinder mit dem Picknick im Wohnzimmer!

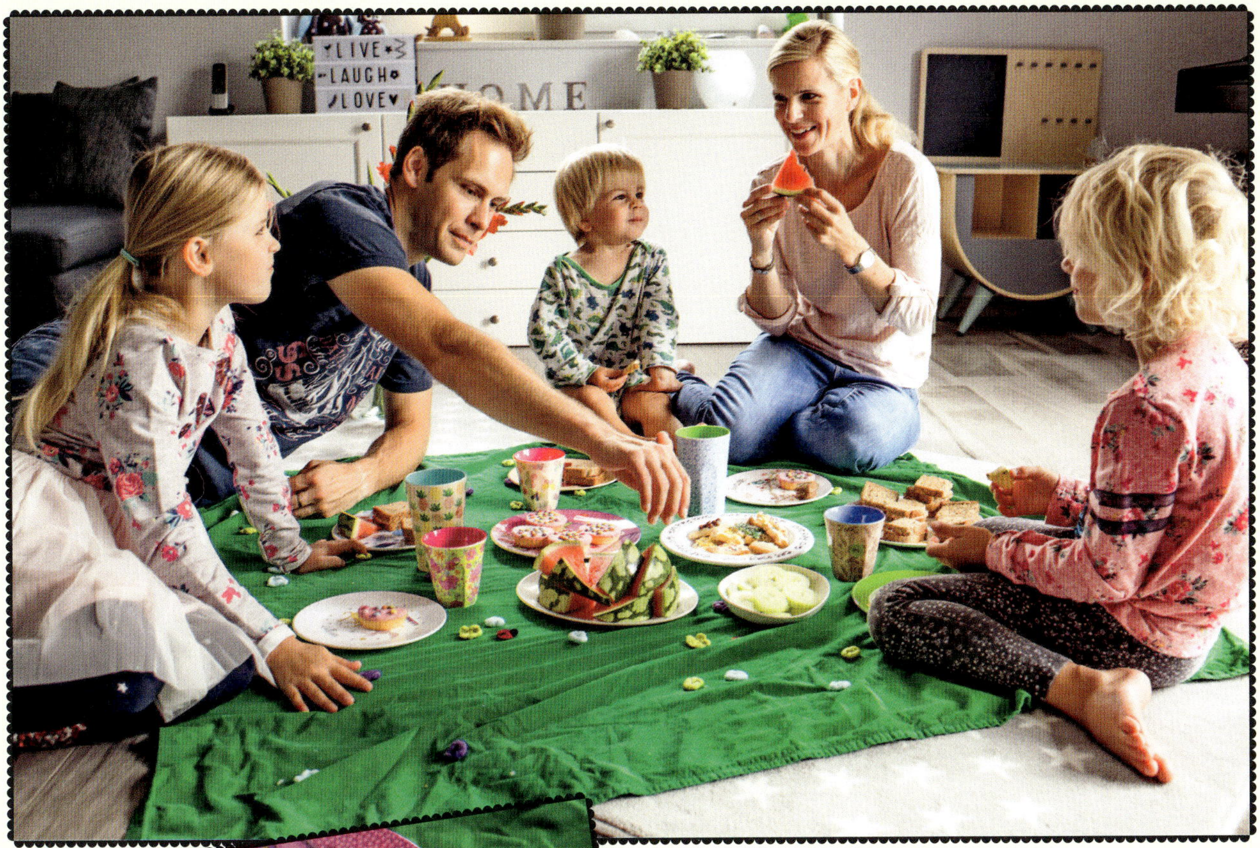
LIVE
LAUGH
LOVE

eat play love eat play

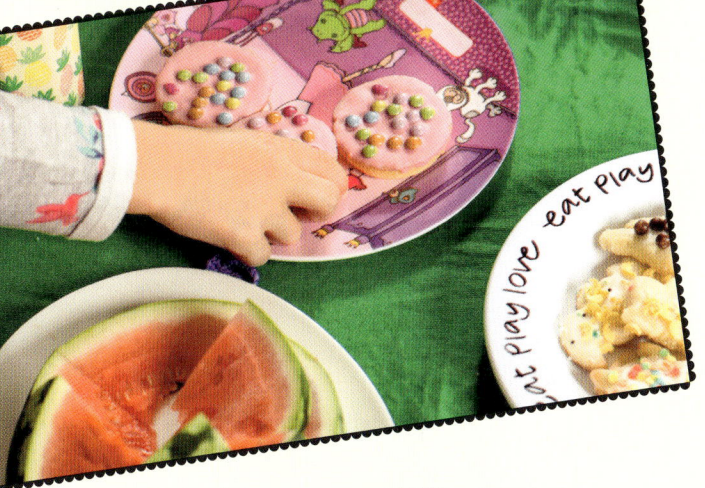

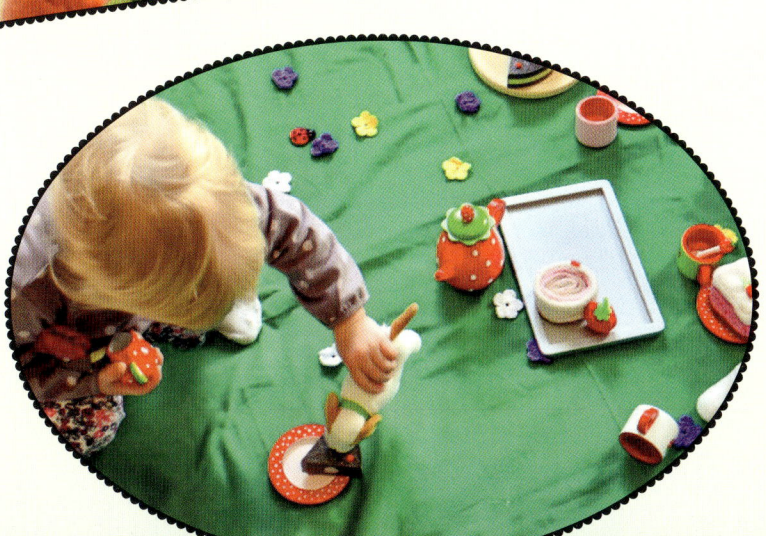

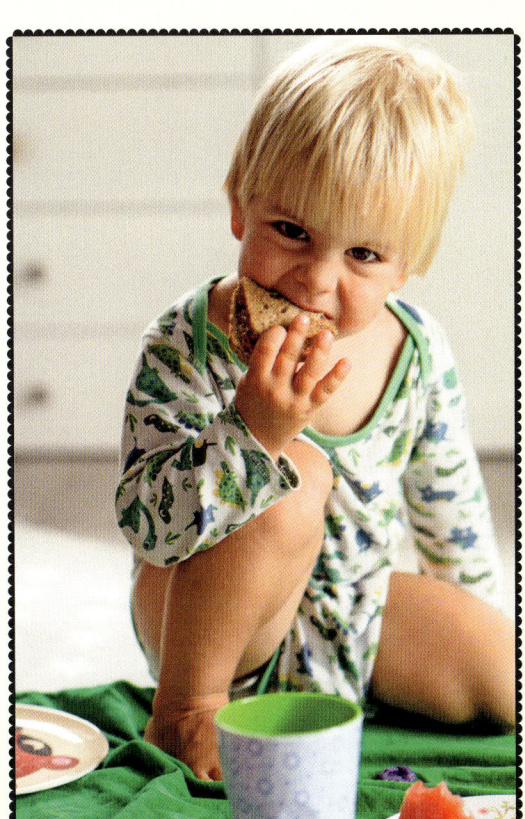

TIPP

Die Eisbar ist auch eine tolle Idee für einen Kindergeburtstag im Sommer!

KLEINE EISBAR

in der Küche

Das Gefühl, ins Eiscafé zu gehen, in der bunten Eiskarte zu stöbern, dabei festzustellen, dass ein Eisbecher köstlicher als der andere aussieht, und das Eis schließlich in vollen Zügen zu genießen – dieses Erlebnis versetzt mich jedes Mal selbst wieder in meine Kindheit zurück. Das Ganze muss dabei nicht immer in einem richtigen Eiscafé stattfinden, sondern lässt sich mit etwas Kreativität auch kostengünstig zu Hause umsetzen. Und das Beste ist: Habt ihr einmal alle Zutaten beisammen, lässt sich die hauseigene Eisbar auch häufiger öffnen!

Das braucht ihr:

- Tonpapier in Weiß , A4
- Filzstifte

Vorlagen Seite 115

EISKARTE

1 Faltet das Papier einmal in der Mitte, verziert und beschriftet die Eiskarte auf der Vorderseite und gebt eurer Eisbar einen individuellen Namen.

2 Malt auf die Innenseiten verschiedene Eisbecher. Die Eiskugeln können die buntesten Farben haben und die Eisbecher fantasievoll gestaltet sein.

3 Gebt euren Eisbechern lustige Namen und denkt euch Preise für diese aus.

EISBAR

1 Fahrt zusammen einkaufen und besorgt alles, was ihr für eure ganz persönliche Eisbar benötigt: Zucker- und Schokoladenstreusel, verschiedene Soßen, Sahne, Eiswaffeln und verschiedene Sorten Eis.

2 Baut euch in der Küche eine eigene Eisbar auf. Legt dafür alle Zutaten sowie ausreichend Schüsseln und Löffel bereit. Wimpelketten, Lichterketten und Servietten sorgen für zusätzliche Atmosphäre.

3 Wählt einen Eisverkäufer aus. Die „Kunden" dürfen dann in der zuvor gebastelten Eiskarte stöbern und sich einen Eisbecher bestellen. Das Ganze macht unglaublich viel Spaß und sorgt neben der Eis-Zeit für eine große Portion Auszeit.

AUTO-SPIELE
für Reisen

Wenn es in den lang ersehnten Urlaub geht, ist die Vorfreude groß! Gleichzeitig graut es allen Beteiligten vor der langen Autofahrt zum Traumziel. Doch Langeweile muss nicht sein, wenn man gut vorbereitet ist und ausreichend Beschäftigungsideen dabei hat. Die Vorlagen für die folgenden Spiele findet ihr auf Seite 122/123.

TiC-TaC-TOE

Dieses Strategiespiel für zwei Personen ist ein echter Klassiker und bis heute bei Kindern beliebt. Einem Spieler wird das Zeichen X und dem anderen Spieler das Zeichen O zugeteilt. Beide Spieler setzen abwechselnd ihr Zeichen in ein Kästchen des quadratischen Spielfeldes mit 3x3 Feldern.

Ziel ist es, eine Reihe – ganz gleich ob vertikal, horizontal oder diagonal – mit drei gleichen Zeichen zu füllen. Der Spieler, dem dies als Erstes gelingt, gewinnt. Schafft es keiner von beiden, bleibt das Spiel unentschieden und eine neue Runde beginnt!

iCH SEHE WAS, WAS DU NiCHT SiEHST

Ein Mitspieler wählt einen Gegenstand in Sichtweite und nennt daraufhin die Farbe im folgenden Satz: „Ich sehe was, was du nicht siehst, und das ist …!" Daraufhin müssen die anderen Mitspieler abwechselnd raten, um welchen Gegenstand es sich handelt.

TiPP

Ein paar der Spiele eignen sich auch für lange Bus- oder Zugfahrten und lange Flüge.

STRASSEN-BINGO

Das Straßen-Bingo macht Kindern besonders viel Spaß! Alles was ihr braucht, ist ein Bingo-Spielfeld, das aus 5x5 Feldern besteht. Der Spielleiter platziert vor der Fahrt in jedem Kästchen etwas Typisches, das man während einer Autofahrt sieht. Das kann beispielsweise eine Ampel, ein Krankenwagen oder ein bestimmtes Verkehrsschild sein. Während der Autofahrt müssen die Mitspieler nun aufmerksam nach draußen schauen und das Symbol abhaken, sobald sie es gesehen haben. Wer als Erster eine Reihe voll hat – ganz gleich ob vertikal, horizontal oder diagonal — ruft laut „Bingo" und gewinnt das Spiel.

URLAUBSWUNDERTÜTE

Überrascht eure Kinder mit einer zuvor gefüllten Urlaubswundertüte! Dort hinein könnt ihr ein kleines Malbuch mit Stiften, ein Rätselheft, ein kleines Buch, ein Kartenspiel, Süßigkeiten und diverse andere Kleinigkeiten tun. Der Überraschungseffekt ist groß und der Inhalt der Urlaubswundertüte sorgt für Beschäftigung während der Autofahrt!

AUTOFARBEN ZÄHLEN

Während einer langen Autofahrt sieht man viele Autos in unterschiedlichen Farben. Daraus lässt sich wunderbar ein Spiel machen: Welche Autofarbe sieht man bis zu einem zuvor festgelegten Ziel am häufigsten? Welche am seltensten? Kreuzt die gesichteten Autofarben ab und findet gemeinsam heraus, welche Autofarbe am Ende gewinnt!

ICH PACKE MEINEN KOFFER

Bei diesem Spiel ist das Gedächtnis gefragt! Der erste Spieler beginnt und sagt: „Ich packe meinen Koffer und lege eine Mütze hinein". Der nächste Mitspieler muss sich das Genannte merken und anschließend einen eigenen Begriff in den Koffer mit dazu packen. Zum Beispiel: „Ich packe meinen Koffer und lege eine Mütze und eine Jacke hinein". Auch der dritte Mitspieler legt eine Mütze, eine Jacke und beispielsweise eine Hose in den Koffer. Schlussendlich kommt mit jedem Spieler ein weiterer Begriff ins Spiel. Zählt ein Spieler schließlich einen falschen Begriff auf, vergisst er einen Begriff oder verwechselt er die Reihenfolge, so scheidet er aus. Am Ende bleibt der Mitspieler mit dem besten Gedächtnis über und gewinnt das Spiel.

ZELTEN
im Wohnzimmer

Für Kinder sind Höhlen wichtige Rückzugsorte und Ruhezonen. In selbst gebauten Höhlen kann gekuschelt, gelesen, gespielt oder einfach mal eine Pause gemacht werden. Außerdem macht es viel Spaß, eine eigene Höhle zu bauen – ganz klassisch aus Stühlen, Decken, Bettlaken und Kissen. Kleine Kinder finden Höhlen genauso spannend wie große Kinder - vor allem an Schlechtwettertagen oder gemütlichen Familiennachmittagen!

Das braucht ihr:

- Kissen
- Decken
- Bettlaken
- Stühle
- Lichterketten

1 Am einfachsten lässt sich eine Höhle aus vier Stühlen, Bettlaken und Decken bauen. Dafür stellt ihr je zwei Stühle auf jede Seite und umhüllt diese anschließend mit den Bettlaken und Decken. Besonders schön wirkt die Höhle, wenn zum Schluss keiner der Stühle mehr zu sehen ist.

2 Natürlich muss es auch im Inneren der Höhle gemütlich sein. Baut sie deshalb auf einem kuscheligen Teppich oder legt das Innere mit Decken und Kissen aus. Die liebsten Kuscheltiere oder Puppen dürfen natürlich von Anfang an mit einziehen.

3 Für noch mehr Gemütlichkeit sorgen Lichter- und Wimpelketten. Lichterketten schenken warmes Licht und sorgen per Knopfdruck für eine ganz besondere Atmosphäre.

1 Sucht Lieblingsspielzeuge und Lieblingsbücher zusammen und platziert sie in der Höhle wie in einem kleinen Miniatur-Kinderzimmer.

SPIELIDEEN

1 Nutzt die selbst gebaute Höhle zum Kuscheln, Zuhören und Reden. Erzählt euch Geschichten oder unterhaltet euch über Wünsche, Träume und gemeinsame Familienabenteuer.

2 Wie wäre es mit einer kleinen Lesestunde in der Höhle? So gemütlich liest es sich gleich viel besser! Und das Lauschen von spannenden Geschichten macht gleich doppelt sie viel Spaß!

3 Die selbst gebaute Höhle wird zum Spielhaus, zur Ritterburg, zum Schloss oder zum Indianerlager.

1 Nutzt die Höhle für ein gemütliches Picknick mitten im Wohnzimmer.

5 Vielleicht lässt sich die Höhle auch als echtes Zelt nutzen, in dem eine Nacht lang übernachtet werden darf? Kinder lieben solche Alltagsausnahmen!

Leckerer SCHOKO-STERN

Gemeinsam etwas Außergewöhnliches backen ist immer spannend! Insbesondere dann, wenn Klein und Groß gleichermaßen bei den Vorbereitungen helfen können. Der Schoko-Stern ist nicht nur ein echter Blickfänger, sondern schmeckt außerdem wahnsinnig gut! Er ist schnell und einfach gemacht, sodass Kinder ganz wunderbar beim Backen helfen können.

Das braucht ihr:

Für den Teig:
- 500 g Mehl
- 70 g Zucker
- 1 Prise Salz
- 1 Pck. Trocken-hefe
- 180 ml lauwarme Milch
- 30 g flüssige Butter
- 2 Eier

Für die Füllung:
- 200 g flüssige Nuss-Nougat-Creme
- 1 Eigelb
- 1 EL Milch

1 Das Mehl, den Zucker, das Salz und die Hefe in eine große Schüssel geben und mithilfe der Knethaken eures Handrührgerätes miteinander vermengen. Die Milch, die Butter und die Eier hinzufügen und alles so lange kneten, bis der Teig schön geschmeidig ist. Lasst den Teig zugedeckt an einem warmen Ort etwa 2-3 Stunden ruhen.

2 Nach der Ruhezeit hat sich das Volumen des Hefeteigs verdoppelt. Knetet ihn noch einmal mit den Händen durch, formt eine Teigrolle und teilt den Teig in vier gleichgroße Portionen.

3 Erwärmt die Nuss-Nougat-Creme in einer kleinen Schüssel in einem Wasserbad oder in der Mikrowelle.

4 Bestäubt eure Arbeitsfläche mit etwas Mehl und legt ein Nudelholz, ein scharfes Messer, ein Glas und einen großen Teller als Schablone bereit. Rollt die Teigkugeln zu je einem großen Fladen aus, legt den Teller mit dem Tellerrand nach unten darauf und schneidet den überschüssigen Teig mit dem Messer weg.

5 Legt den ersten Hefeteig-Fladen auf ein mit Backpapier ausgelegtes Blech und verteilt die erste Schicht Nuss-Nougat-Creme darauf. Platziert den zweiten Fladen darauf und bestreicht ihn ebenfalls mit Schokolade. Wiederholt das Ganze noch zweimal, den letzten Teigkreis nicht mehr bepinseln.

6 Nehmt nun ein Trinkglas und markiert damit leicht die Mitte des Schoko-Sterns. Schneidet den Stapel Hefeteig-Fladen anschließend insgesamt 16x gleichmäßig bis zur markierten Mitte ein. Verdreht jeweils zwei Stränge miteinander und drückt die Enden fest zusammen. Diesen Vorgang wiederholt ihr mit allen Hefeteig-Strängen.

7 Verquirlt das Eigelb mit 1 EL Milch und streicht die Oberfläche des Schoko-Sterns damit ein. Backt den Stern im vorgeheizten Ofen bei 160 °C Umluft 15-20 Minuten.

TIPP

Anstelle von Nuss-Nougat-Creme könnt ihr auch Marmelade oder Marzipan für euren Stern verwenden.

BUNTE PLÄTZCHEN
für Groß und klein

Kinder lieben es, beim Backen zu helfen. Ganz besonders beliebt sind Ausstechplätzchen, denn es macht unglaublich viel Spaß, verschiedene Motive auszustechen, dabei etwas vom Teig zu naschen und die hübschen Figuren anschließend mit kunterbunten Zuckerstreuseln zu verzieren.

Das braucht ihr:

Für den Teig:
- 200 g Mehl
- 100 g Zucker
- 2 Pck. Vanillezucker
- 1 Msp. Backpulver
- 200 g weiche Butter
- 1 Ei

Für die Verzierung:
- 250 g Puderzucker
- lauwarmes Wasser
- 1 Spritzer Zitronensaft
- ggf. Lebensmittelfarbe
- Zuckerstreusel

1 Das Mehl, den Zucker, den Vanillezucker und das Backpulver in einer großen Rührschüssel grob miteinander vermengen. Schneidet die Butter in kleine Würfel und mischt sie zusammen mit dem Ei mit den Knethaken eures Handrührgerätes unter. Knetet so lange, bis ein geschmeidiger Teig entsteht. Stellt den Teig in Frischhaltefolie verpackt mindestens 1-2 Stunden in den Kühlschrank.

2 Holt den Teig rechtzeitig aus dem Kühlschrank, bevor ihr mit dem Ausstechen beginnt, damit er nicht zu fest ist. Verteilt etwas Mehl auf der Arbeitsfläche und heizt den Backofen auf 180°C Ober-/Unterhitze vor.

3 Jedes Kind erhält nun eine kleine Portion Teig und rollt ihn 2-3 mm dick aus. Dann könnt ihr nach Belieben Plätzchen ausstechen. Verteilt die fertigen Figuren mit etwas Abstand zueinander auf einem mit Backpapier ausgelegten Backblech und schiebt sie für 10-12 Minuten in den Ofen, bis die Plätzchen goldbraun sind.

4 Nach dem Abkühlen stellt ihr den Zuckerguss her. Dafür gebt ihr den Puderzucker in eine Schüssel und nach und nach lauwarmes Wasser sowie den Zitronensaft dazu. Der fertige Zuckerguss sollte nicht zu flüssig und nicht zu fest sein. Bei Bedarf könnt ihr ihn mit Lebensmittelfarbe einfärben.

5 Bestreicht die Plätzchen mit dem Zuckerguss und streut bunte Streusel darauf.

TIPP

Ausstechplätzchen sind nicht nur etwas für den Winter, sondern lassen sich zu jeder Jahreszeit backen. Gerade im Sommer sorgt solch eine Backaktion bei Kindern für viel Spaß und Abwechslung!

KREATIVE
ABENTEUER

PIRATENTAG
im Kinderzimmer

Welches Kind wünscht sich nicht, einmal als gefürchteter Pirat in See zu stechen?
Werft euch in passende Kostüme und segelt los! Aber vergesst nicht,
stets Ausschau nach der geheimen Insel zu halten und eure Schatzkarte dabei
gut im Blick zu behalten! Nur so schafft ihr es, den Schatz zu finden,
um ihn am Ende mit nach Hause zu bringen. Sorgt mit den folgenden Ideen
für einen unvergesslichen Piratentag in den eigenen vier Wänden.
Denn Piraten und Schätze sind etwas Spannendes und Geheimnisvolles!

DIE KOSTÜME

Na, habt ihr Lust, einen Nachmittag als gefürch-
tete Piraten zu verbringen? Dann schnappt
euch passende Kostüme! Falls ihr keine Pira-
ten-Kostüme zu Hause habt, könnt ihr gemeinsam improvisieren: Ein Piratenhut lässt sich aus
Zeitungspapier falten, eine Augenklappe aus
Tonpapier basteln, die leere Küchenrolle wird
zum Fernglas und ein paar Tücher, Decken und
alte Kleidungsstücke zur Piratenkluft.

DAS PIRATENSCHIFF

Kapert das Kinderzimmer und sammelt alle Decken,
Kissen und Stühle zusammen, die ihr finden könnt!
Baut euch daraus ein tolles Piratenschiff, lichtet den
Anker und setzt die Segel! Wenn ihr möchtet, könnt
ihr aus Tonpapier ein Steuerrad basteln und aus einem
Spieltuch oder einem alten Kleidungsstück und einem
Stock eine richtige Piratenflagge. Eurer Fantasie sind
keine Grenzen gesetzt! Entscheidet zusammen, wie
euer Piratenschiff aussehen soll!

DIE SCHATZKARTE

Was wäre ein Piratentag ohne Schatzsuche? Ein Schatz mit passender Schatzkarte muss her! Bastelt die Schatzkarte gemeinsam und überlegt, wie die geheimnisvolle Insel aussehen und wo der Schatz versteckt liegen soll. Am besten überlegt ihr euch dazu eine kleine Geschichte! Schatzkarten lassen sich besonders gut und langlebig auf Kunstleder zeichnen. Alternativ könnt ihr farblich passendes Tonpapier verwenden. Die Skizzierungen sehen mit Kreide oder Wachsmalstiften besonders toll aus!

Das braucht ihr:

- Kunstleder oder Tonpapier
- Bleistift
- Filzstift in Schwarz
- Wachsmalstifte oder Kreide

Vorlage Seite 120/121

1 Schneidet den Rand des Kunstleders oder des Tonpapiers uneben zu. Dadurch sieht die Schatzkarte noch echter aus. Damit die Karte besonders alt wirkt, könnt ihr sie vorsichtig knüllen und anschließend wieder auseinander falten.

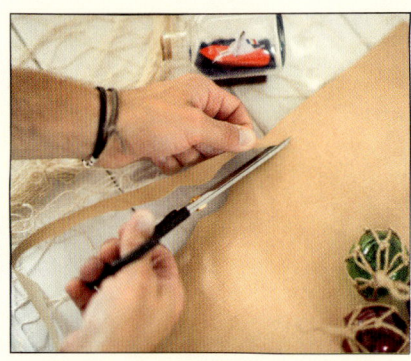

2 Zeichnet die Insel, die Kompassrose, den Totenkopf und alle weiteren gewünschten Motive mit einem Bleistift vor. Sobald euch die fertige Schatzkarte gefällt, zieht ihr die Bleistiftlinien mit einem schwarzen Filzstift nach.

3 Um der Schatzkarte etwas Leben und Farbe einzuhauchen, könnt ihr die Berge, das Meer und die Palmen mit Wachsmalstiften, Kreide oder Buntstiften schraffieren.

1 Zum Schluss zeichnet ihr die Route von der Piratenbucht bis zum vergrabenen Schatz auf die Schatzkarte und verseht das Ziel mit einem schwarzen Kreuz.

DER SCHATZ

Wenn ihr keine Schatzkiste zu Hause habt, nehmt stattdessen einen leeren Karton oder eine hübsche Schachtel. Vielleicht habt ihr sogar Lust, eine richtige Schatzkiste zu basteln? Als Inhalt eignen sich neben Süßigkeiten und Schokotalern vor allem kleine Schätze wie Edelsteine, Murmeln, Goldtaler, Perlen oder Glasnuggets. Eine tolle Möglichkeit ist es auch, Kieselsteine mit Goldspray zu besprühen. Nach dem Trocknen besitzt ihr dann richtige kleine Goldnuggets.

Riesen SEIFENBLASEN

Seifenblasen haben etwas Magisches und begeistern Groß und Klein!
Es gibt sogar richtige Seifenblasenkünstler, die ihre Zuschauer mit ihrem Zauber
in den Bann ziehen. Seifenblasen bedeuten Kindheit. Es macht Spaß, sie entstehen
zu lassen, ihnen beim Davonschweben zuzusehen oder sie aufzufangen. Je größer
die Seifenblasen, desto faszinierender ist es! Deshalb ist es eine wundervolle
Beschäftigungsidee, gemeinsam Riesen-Seifenblasen herzustellen!

Das braucht ihr:

- große Schüssel
- 1 l Wasser
- 90-100 ml Spülmittel
- 3-4 TL Kleister
- 2 m Baumwollkordel
- 2 Rundhölzer oder Bambusstäbe, je 60 cm lang

1 Füllt das Wasser in eine große Schüssel und gebt das Spülmittel dazu. Dabei ist besonders wichtig, dass ihr auf hochwertiges, aber dennoch herkömmliches Spülmittel ohne Extras zurückgreift.

2 Mischt den Kleister unter, bis er sich gänzlich aufgelöst hat. Lasst die fertige Flüssigkeit 10-15 Minuten stehen und rührt sie anschließend ein weiteres Mal kräftig um.

3 Um schöne große Blasen entstehen zu lassen, benötigt ihr das passende „Werkzeug". Knotet die Kordel in Form eines Dreiecks an den Hölzern fest (siehe Abbildung unten). Bohrt für die Befestigung entweder Löcher durch die Enden der Hölzer oder schnitzt Furchen ein, sodass die festgeknotete Schnur ausreichend Halt hat.

TIPP

Die Seifenblasenflüssigkeit lässt sich ohne Zugabe von Kleister auch für normal große Seifenblasen verwenden.

SCHATTENSPIEL
mit Grusel-Lampen

Schattenspiele gehen immer! Statt mit Händen lassen sie sich ganz
wunderbar mit zuvor gebastelten Taschenlampen-Aufsätzen umsetzen.
Dabei entstehen richtige Grusel-Lampen, mit denen ihr ein
echtes kleines Theaterspiel veranstalten könnt!

Das braucht ihr:

- Klorolle
- Tonpapier in Schwarz und anderen Farben eurer Wahl
- Cuttermesser
- Frischhaltefolie
- Gummibänder
- Bastelkleber
- Taschenlampen

Vorlagen Seite 116

1 Verschönert die Klorolle, indem ihr einen passenden Tonpapierstreifen außen herum klebt.

2 Stellt die Klorolle auf das Tonpapier und fahrt den Umriss mit einem Bleistift nach. Anschließend zeichnet ihr verschiedene (Grusel)Motive in die Kreise. Ihr könnt dafür die Vorlagen aus diesem Buch nehmen oder eure eigenen Ideen aufmalen. Achtet darauf, dass die Motive nicht größer als die Kreise sein dürfen.

3 Schneidet die Motive mit einem scharfen Cuttermesser auf einer entsprechenden Unterlage aus.

4 Schneidet ein Stück Frischhaltefolie zu. Es sollte groß genug sein, damit ihr es über die Klorollenöffnung spannen könnt, und gleichzeitig rundherum ausreichend überlappt. Die Frischhaltefolie befestigt ihr mit dem Gummiband.

5 Klebt euer Gruselmotiv in die Mitte der Frischhaltefolie. Stülpt den gebastelten Taschenlampen-Aufsatz über eine Taschenlampe und projiziert eure Motive im Dunkeln an eine weiße Wand oder ein weißes Rollo.

6 Denkt euch spannende Grusel-Geschichten aus oder veranstaltet ein kleines Theater!

Für kleine BOOTSAUSFLÜGE

Ganz gleich ob für den Ausflug an den See oder fürs Planschbecken: Ein selbst gebautes Bötchen lossegeln zu lassen, macht immer Spaß! Die Boote können aus den unterschiedlichsten Materialien gebaut werden. Am besten geeignet ist eine Basis aus Holz mit einem Stoffsegel an einem Holzstab. Das Ganze bedarf natürlich Hilfe von Erwachsenen, ist aber dennoch ruckzuck gemacht.

Das braucht ihr:

- flaches Stück Holz, 30 cm x 18 cm
- Säge
- Holzbohrer
- Schrauben
- Holzstab, ø 2 cm, 30 cm lang
- Holzstab, ø 0,5 cm, 22 cm lang
- Stoffrest, 20 cm x 25cm
- Schere
- Nadel und Faden
- Kordel

1 Sägt als Erstes eine Bootsform aus dem flachen Stück Holz aus. Dann bohrt ihr ein Loch in die Mitte, um dort einen passenden Holzstab als Mast hineinzustecken. Schraubt den Mast von unten mit einer Schraube fest.

2 Am oberen Endes des Mastes bohrt ihr nun ein kleines Loch quer durch. Hier wird später ein Stück Kordel durchgezogen, das das Segel hält. Damit der Mast später an Stabilität gewinnt, bohrt ihr etwas oberhalb davon rechtwinklig ein zweites Loch hinein. Danach bohrt ihr mittschiffs am Bug und am Heck sowie an der Steuerbord- und Backbordseite weitere Löcher.

3 Näht die Oberseite des Stoffes knapp um, sodass ihr durch den entstandenen Tunnel den dünneren Holzstab in Segelbreite hindurchstecken könnt. Durch die Enden dieses Stabes sowie an den unteren Ecken des Segels bohrt ihr nun ebenfalls je ein kleines Loch.

4 Fädelt nun ein Stück Kordel vom Bug über die Mastspitze bis hin zum Heck, zieht sie stramm und knotet sie am Boot fest. Dann zieht ihr zwei weitere Kordeln von der Backbord- bzw. Steuerbordseite zur jeweiligen unteren Segel-Ecke. Zuletzt zieht ihr eine eine Kordel durch die Enden des Segel-Stabes und des Mastes und knotet sie gut fest.

5 Damit euer Boot nicht Leine zieht, bindet ihr noch eine möglichst lange Schnur an das Schiffsheck. So könnt ihr das Boot bei Strömung oder Wind wieder ganz einfach zurückholen. Vielleicht habt ihr sogar ein paar kleine Passagiere, die mitfahren dürfen?

TiPP

Dieses Boot lässt sich ganz wunderbar aus Holz- und Stoffresten basteln. Die Größe könnt ihr nach Bedarf anpassen. Falls ihr keine Reste zu Hause habt, bekommt ihr ein einfaches Stück Holz (zum Beispiel von Terrassendielen) und Holzstäbe in jedem Baumarkt. Als Segel könnt ihr auch ein altes Kleidungsstück oder einen alten Stoffbeutel benutzen.

Kreativ am
BASTELTISCH

Basteln fördert die Kreativität und die Feinmotorik und regt die Fantasie von Klein und Groß gleichermaßen an. Außergewöhnliche Bastelaktionen verwandeln Kinder dabei in stolze und glückliche Künstler und Erfinder. Bastelt doch einfach mal drauf los – am besten gleich einen ganzen Nachmittag lang – und werdet gemeinsam kreativ!

KNICKBILD-SPIEL

Das braucht ihr:

- Kopierpapier, A4
- Filzstifte

1 Knickt das Blatt Papier waagerecht in fünf gleichgroße Bereiche. Diese stehen für die folgenden Körperteile: Kopf, Hals, Oberkörper mit Armen, Beine und Füße.

2 Setzt euch gemeinsam an einen Tisch. Der erste Künstler zeichnet nun einen fantasievollen oder lustigen Kopf in die erste Zeile und knickt diese anschließend so nach hinten um, dass der Kopf nicht mehr zu sehen ist. Dann wird das Papier weitergereicht. Der zweite Künstler macht sich ans Werk, zeichnet einen Hals, knickt das Papier ebenfalls nach hinten usw. Nach jedem gezeichneten Körperteil wird das Papier so gefaltet, dass der nächste Maler nicht erahnen kann, was zuvor aufs Papier gebracht wurde. Auf diese Weise entstehen die lustigsten Figuren, Wesen und Kunstwerke!

3 Ist die Fantasiefigur fertig gezeichnet, faltet ihr das Blatt Papier gemeinsam auf. Die Überraschung ist oft riesig und sorgt nicht selten für Lacher.

3D-HANDABDRUCK

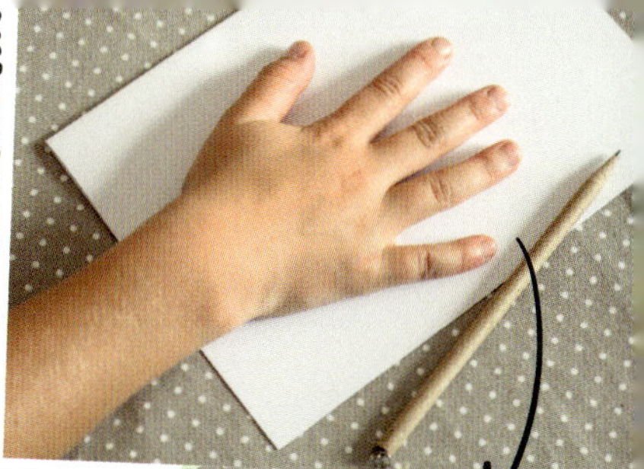

Das braucht ihr:

- Kopierpapier, A5
- Bleistift
- Lineal
- Filzstifte

1 Übertragt euren Handabdruck mit Bleistift auf das Papier.

2 Zieht mithilfe eines Lineals und eines schwarzen Filzstiftes in gleichen Abständen gerade Linien quer über das gesamte Papier. Den Handabdruck dabei auslassen!

3 Verbindet die Linien an den offenen Stellen im Handabdruck bogenförmig miteinander.

4 Jetzt malt ihr die Zeilen – inklusive des gebogenen Teils auf dem Handabdruck – ganz bunt aus.

5 Wenn ihr euer Werk nun betrachtet, werdet ihr feststellen, dass der Handabdruck durch die Linien und Bogen einen 3D-Effekt erhalten hat.

MASKING TAPE LEINWÄNDE

Das braucht ihr:

- Leinwand
- Masking Tape
- Wasserfarben

1 Klebt die Leinwand beliebig mit Masking Tape ab. Ihr könnt ein Muster, einen Buchstaben oder etwas X-Beliebiges damit kleben. Drückt das Tape gut fest, damit beim Tuschen keine Farbe darunter läuft.

2 Malt die Leinwand bunt an und lasst sie gut trocknen.

3 Zieht das Masking Tape von der Leinwand. Fertig!

UNTERWASSER-BILDER

Das braucht ihr:

- Fotos mit entsprechend großen Portraits
- Tonpapier in Weiß, Gelb, Orange, Rosa Rot und Schwarz, A4
- Wasserfarben
- Alleskleber

Vorlagen Seite 116

1 Sucht ein paar Portraitfotos von euch heraus. Bestenfalls von einem Tag am Strand oder im Schwimmbad. Alternativ könnt ihr spontan Fotos knipsen und dafür Badekleidung anziehen.

2 Druckt die Fotos in A4 auf Fotopapier aus oder lasst sie professionell entwickeln.

3 Malt mit Wasserfarben Meer und Wellen in unterschiedlichen Blau- und Grüntönen auf das Tonpapier und lasst das Ganze gut trocknen.

4 Schneidet die Portraits aus den Fotos aus und klebt sie auf das Bild.

5 Zum Schluss schneidet ihr die Taucherbrille, den Schnorchel und dieFische aus Tonpapier aus und klebt sie auf.

FRÖHLICH-FRECHER FALT-FISCH

Das braucht ihr:

- Kopierpapier, A4
- Filzstifte

Vorlage Seite 117

1 Kopiert die Vorlage des Fisches auf das Papier und knickt es an den entsprechenden Markierungen.

2 Malt den Fisch bunt an. Achtete dabei darauf, dass die Farben beim Zusammen- und Auseinanderfalten des Fischs übereinstimmen. Das gelingt euch am einfachsten, wenn ihr erst den zusammengefalteten und danach den auseinandergefalteten Fisch anmalt.

3 Jetzt könnt ihr das Blatt Papier immer wieder auf und zu klappen. Der Effekt ist wirklich lustig und begeistert jedes Kind!

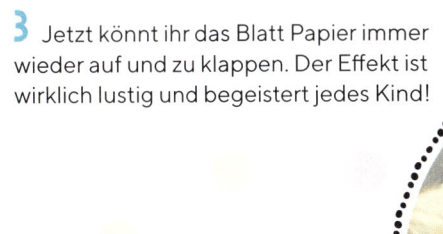

Lustige SCHÜTTELKUGELN

Schüttelkugeln gibt es in allen erdenklichen Formen, Größen und Variationen. Die schönsten Schüttelkugeln sind jedoch immer noch die selbst gebastelten! Hier kann jeder selbst entscheiden, in welchen Farben es glitzert und schneit. So eine Kugel ist ganz schnell und einfach gemacht und bringt Kinderaugen zum Leuchten.

Das braucht ihr:

- FIMO®
- 1 Schraubglas
- Heißklebepistole
- Kunstschnee oder Glitter
- destilliertes Wasser
- Glyzerin (aus der Apotheke)

1 Formt als Erstes aus der Modelliermasse die gewünschten Figuren für eure Schüttelkugeln. Lasst eurer Fantasie freien Lauf, denn in einer Schüttelkugel kann nicht nur ein Schneemann, sondern auch ein Hase wohnen. Und auch Fahrzeuge wie Bagger oder Traktoren sehen darin toll aus!

2 Backt die fertig modellierten Figuren zur Aushärtung nach Herstellerangaben im Ofen.

3 Lasst die Figuren gut auskühlen und klebt sie – je nachdem, was ihr schöner findet – mit Heißkleber auf der Innenseite des Deckels oder auf dem Glasboden fest.

4 Füllt etwas Kunstschnee oder Glitter in das Schraubglas. Ihr könnt nur eine Farbe Glitter wählen oder mehrere miteinander mischen. Beides sieht sehr schön aus.

5 Jetzt füllt ihr das Glas mit destilliertem Wasser und Glyzerin im Verhältnis 1:1. Damit keine Luftbläschen in die Schüttelkugel gelangen, müsst ihr das Glas randvoll füllen. Haltet es über ein Waschbecken, wenn ihr den Deckel zuschraubt, damit die überschwappende Flüssigkeit dort abtropfen kann.

6 Wer möchte, kann seine Schüttelkugel noch von außen verzieren, zum Beispiel mit einem Geschenkband oder einem persönlichen Schriftzug.

TIPP

Anstelle von selbst geformten Figuren könnt ihr auch bereits fertige, wasserfeste Figuren zum Basteln benutzen.

EIS-PALAST
im Sommergarten

An heißen Sommertagen suchen wir alle nach bestmöglichen Abkühlungen. Ein Planschbecken ist dabei genauso willkommen wie eine Ladung Wasserbomben. Doch Abkühlung und gleichzeitige Erfrischung geht auch ganz besonders! So lässt sich aus einfachen Mitteln ein richtiger Eispalast im Garten bauen. Das macht nicht nur Spaß, sondern sieht dazu noch richtig toll aus!

Das braucht ihr:

- viele verschieden große Förmchen
- Wasser

1 Füllt die Förmchen mit Wasser und stellt sie über Nacht in den Gefrierschrank.

2 Löst die Eisformen aus den Behältern, indem ihr sie von außen kurz mit lauwarmem Wasser anwärmt.

3 Sammelt alle Eisbausteine in einer großen Schüssel.

4 Nun kann der Bau eures Eisschlosses beginnen. Geht dafür am besten auf die Terrasse oder in den Garten. Das Eis ist so frisch und sauber, dass die kleinen Eiswürfel beim Spielen und Bauen zum Erfrischen und Abkühlen gelutscht werden können. Kinder finden das großartig!

5 Besorgt ein paar Spielfiguren, die in das fertige Eisschloss einziehen können. Vielleicht habt ihr auch ein paar Spieltücher, mit denen ihr die Kulisse noch zusätzlich verschönern könnt.

TIPP

Ein Eispalast lässt sich auch wunderbar im Winter bauen. Dann hält das Kunstwerk länger und weißer Schnee sorgt für eine natürliche Kulisse. Im Winter könnt ihr die mit Wasser gefüllten Förmchen einfach über Nacht nach draußen stellen und benötigt keinen Gefrierschrank.

Spannendes
GERÄUSCHE-MEMORY®

Kinder lieben Memory®-Spiele! Meist sind sie dabei sogar besser als Erwachsene, denn sie haben ein gutes Gespür und einen intensiveren Blick für kleine Details und das bessere Gedächtnis für Bilder und Motive. Doch wie schaut es aus, wenn statt Bilder-Paaren Geräusche-Paare gesucht und gefunden werden müssen? Diese Memory®-Variante bringt nicht nur jede Menge Abwechslung ins Spiel, sondern sorgt auch für neue Herausforderungen für die Sinne.

Das braucht ihr:

- 30 leere Streich-holzschachteln
- Tonpapier
- Klebestift
- Motivstanzer „Herz"
- raschelnde Inhalte für die kleinen Schachteln
- Glitzer-Tonkarton in Gold, A4
- 1 große Schachtel

1 Legt die Streichholzschachteln und das Tonpapier bereit und messt die Breite bzw. den Umfang der Streich-holzschachteln aus, damit ihr passende Tonpapierstreifen zuschneiden könnt. Das Tonpapier klebt ihr dann mit einem Klebestift gut um die Schachteln fest. Alle 30 Streichholzschachteln sehen nun gleich aus.

2 Jetzt könnt ihr die Schachteln nach Belieben verzieren. Achtet aber unbedingt darauf, dass am Ende alle Schachteln identisch aussehen. Wir haben unser Memory® mit ausgestanzten Herzen aus Glitzer-Tonpapier beklebt.

3 Überlegt nun gemeinsam, womit ihr die Streichholzschachteln füllen möchtet. Sucht die passenden Kleinigkeiten zu-sammen und füllt in jeweils zwei Schach-teln den gleichen Inhalt, sodass sich zum Schluss 15 Geräusche-Paare ergeben.

4 Damit euer Memory® nach dem Spielen gut verstaut ist, könnt ihr noch eine große Schachtel oder einen kleinen Karton zum Aufbewahren der Streichholzschachteln verschönern und gestalten.

IDEEN ZUM FÜLLEN

Nudeln • Konfetti • Luftschlange • Glasnuggets • Murmeln
Glöckchen • Kirschkerne • Perlen • Popcornmais
kleine Steine • Streichhölzer • Reis • Geldmünzen
kleine Holzstücke • Muscheln

SPIELREGELN

Mischt die Geräusche-Schachteln und verteilt sie auf der Spielfläche. Der kleinste Spieler beginnt! Danach geht es reihum. Der Spieler, der an der Reihe ist, wählt zunächst eine Geräusche-Schachtel aus und versucht durch Schütteln herauszuhören, was sich in der Schachtel befindet. Danach muss er die dazugehörige zweite Schachtel finden. Glaubt der Spieler, zwei passende Geräusche gefunden zu haben, darf er den Inhalt der beiden Schachteln kontrollieren. Stimmt das Paar überein, darf er es behalten. Kommen zwei unterschiedliche Inhalte zum Vorschein, kommen beide Schachteln zurück an ihren Platz auf der Spielfläche. Hier gilt: Merkt euch gut, hinter welcher Schachtel sich welches Geräusch verbirgt, denn Runde für Runde haben die Spieler die Möglichkeit, zuvor falsch geschüttelte Schachteln richtig zu kombinieren. Der Spieler, der am Ende die meisten Geräusche-Paare gefunden hat, gewinnt das Spiel.

TIPP

Anstelle von Streichholzschachteln könnt ihr auch leere Klorollen verwenden. Um diese zu verschließen, schneidet ihr zwei Kreise aus, die etwa 1 cm größer als der Klorollendurchmesser sind. Rundum kleine Zacken einschneiden, umbiegen und an der Rolle festkleben. Alternativ könnt ihr die Enden auch mit einem Tacker schließen.

PLÄTZCHEN
für Gartenbesucher

Um Vögeln beim Überwintern zu helfen, stellen wir jedes Jahr einen großen Schwung Vogelplätzchen her. Diese bestehen aus Vogelfutter, Nüssen und Kokosfett und lassen sich zum Lagern einfrieren, sodass wir bei Bedarf stets neue Vogelplätzchen parat haben. Die kleinen Leckerhappen sind schnell gemacht und eignen sich ideal dafür, das gemeinsame Basteln mit einer guten Tat zu verbinden.

Das braucht ihr:

- Kokosfett
- Vogelfutter oder Nuss-Mischungen
- kleine Silikon-förmchen
- Baumwollkordel
- Suppenkelle

1 Gebt das Kokosfett in einen großen Topf und schmelzt es so lange, bis es gänzlich flüssig geworden ist.

2 Stellt den Topf mit dem heißen Kokosfett sicher auf den Tisch und haltet das Vogelfutter, die Nüsse, eine Suppenkelle, die Förmchen und die Kordel bereit.

3 Schneidet die Kordel in ca. 30 cm lange Stücke, knotet sie an den Enden zusammen und legt jeweils ein Ende in jedes Silikonförmchen. Die Schnur dient später als Aufhängung der Vogelplätzchen – lasst deshalb das andere Kordelende über den Förmchenrand hängen.

4 Füllt die Förmchen zu zwei Dritteln mit Nüssen und Vogelfutter und gebt danach das flüssige Kokosfett mit der Kelle darüber.

5 Sobald ihr alle Förmchen gefüllt habt, stellt ihr sie in den Kühlschrank und lasst sie über Nacht fest werden.

6 Am nächsten Tag könnt ihr die Vogelplätzchen aus den Förmchen lösen und anschließend in Ästen und Zweigen im Garten, auf einer Wiese oder im Wald aufhängen.

60

KNETE
selber machen

Kneten macht mächtig viel Spaß! Vor allem, wenn die Knete zuvor auch noch selbst hergestellt wird! Kinder finden das besonders toll, da sie beim Anrühren helfen und die Farben der fertigen Knetmasse mitbestimmen können. Und wird hinterher auch noch mit der ganzen Familie geknetet und gespielt, sorgt dies für eine besondere Abwechslung und neue Inspirationen.

Das braucht ihr:

- 400 g Mehl
- 200 g Salz
- 2 EL Zitronen-säure
- 500 ml kochendes Wasser
- 3 EL Speiseöl
- flüssige Lebens-mittelfarbe
- Einweghand-schuhe

1 Gebt alle Zutaten bis auf die Lebensmittelfarbe in eine große Rührschüssel und verknetet sie mit den Knethaken eures Handrührgerätes zu einem bröseligen Teig. Knetet die Masse anschließend mit den Händen noch einmal durch, bis ein geschmeidiger Teig entsteht. Der Teig sollte nicht zu trocken und nicht zu klebrig sein. Gegebenenfalls noch etwas Wasser oder Mehl dazugeben.

2 Unterteilt die Knetmasse in kleine Portionen und färbt sie durch erneutes Kneten mit flüssiger Lebensmittelfarbe ein. Nutzt dafür Einweghandschuhe, damit eure Hände sauber bleiben. Sobald die Farbe richtig eingeknetet ist, färbt sie nicht mehr ab! Habt beim Einkneten jedoch etwas Geduld.

SPIELIDEEN

1 Jeder Spieler knetet eine Figur zu einer zuvor festgelegten Kategorie (zum Beispiel „Tiere" oder „Lebensmittel"). Während des Knetens müssen die anderen erraten, was der Künstler erschafft. Pro richtiger Antwort erhält man einen Punkt. Am Ende gewinnt der Spieler mit den meisten Punkten.

2 Überlegt gemeinsam, was ihr zusammen kneten wollt. Wie wäre es mit einem kleinen Theater oder einem Meer mit Fischen, Muscheln und Seesternen? Knetet gemeinsam, helft euch gegenseitig und vergesst nicht, am Schluss ein Foto von eurem Werk zu machen.

3 Pro Runde knetet ein Spieler eine Figur zu einer zuvor festgelegten Kategorie, während die anderen Mitspieler die Augen schließen. Sobald die Figur fertig ist, wird die Figur (immer noch bei geschlossenen Augen!) herumgereicht und die Spieler müssen im Stillen herausfinden, worum es sich handelt. Zum Schluss nimmt derjenige, der die Figur geknetet hat, sie wieder an sich und versteckt sie unter dem Tisch. Dann geben die anderen Spieler reihum ihre Tipps ab. Danach wird die Figur offen gezeigt. Wer richtig geraten hat, bekommt einen Punkt. Die anderen gehen leer aus.

FLASCHENPOST

verschicken

Eine Flaschenpost ist etwas ganz Besonderes. Ein bisschen wie ein ungeöffnetes Geheimnis und eine alte Botschaft, die sich dem glücklichen Finder plötzlich offenbart. Doch nicht nur das Finden ist ein Traum vieler Kinder, sondern auch das Basteln einer eigenen Flaschenpost. Nicht selten sind es vor allem die ganz klassischen Ideen, die Kinderaugen zum Leuchten bringen und für magische Momente sorgen.

Das braucht ihr:

- leere, gut verschließbare Glasflasche
- Papier
- Filzstifte
- persönliches Foto
- Masking Tape

1 Achtet bei der Wahl eurer Flasche darauf, dass sie sich fest und wasserdicht verschließen lässt. Der Flaschenhals sollte außerdem nicht zu schmal sein, damit ihr die aufgerollte Post gut hineinbekommt.

2 Verfasst einen persönlichen Brief auf einem hübschen Blatt Papier. Vergesst nicht, euch darin mit vollem Namen vorzustellen sowie euren Wohnort, das Datum und eine Kontaktmöglichkeit (wahlweise eure Adresse, Telefonnummer oder E-Mail-Adresse) anzugeben.

3 Rollt den Brief gemeinsam mit einem Foto von euch eng zusammen. Dann klebt ihr die Briefrolle mit Masking Tape zu und steckt sie vorsichtig in die Flasche. Verschließt die Flasche möglichst fest.

4 Fahrt gemeinsam ans Meer, an einen Fluss, einen Bach oder einen großen See, sucht dort einen Steg oder eine Seebrücke und werft die Flaschenpost gemeinsam ins Wasser.

FOTO-MAGNETE
aus Glasnuggets

Kaum dass unsere erste Tochter das Malen für sich entdeckte, unsere gemeinsamen Momente sich summierten und sich in Form von selbst gemalten Bildern und Fotos am Kühlschrank sammelten, kam ich regelrecht in Magnet-Not. Doch warum fertige Magnete kaufen, wenn es viel schöner ist, zusammen welche zu basteln? Das macht nicht nur Spaß, sondern peppt den Kühlschrank regelrecht auf und ist außerdem eine tolle Geschenkidee!

Das braucht ihr:

- Fotos
- Glasnuggets in unterschiedlichen Größen
- transparenter Bastelkleber
- Magnete
- Heißklebepistole

1 Wählt zusammen ein paar schöne Fotos aus, von denen ihr verschiedene Ausschnitte für die Magnete nutzen möchtet. Achtet dabei auf die Größe der Bildausschnitte, damit diese am Ende nicht zu groß oder zu klein für die Glasnuggets sind.

2 Druckt die Fotos auf Fotopapier aus oder lasst sie professionell entwickeln.

3 Schneidet die Bildausschnitte dann in der Größe der Glasnuggets zu.

4 Klebt die gewünschten Fotomotive mit dem Bastelkleber an der flachen Seite der Glasnuggets fest. Um ihn gleichmäßig zu verteilen, könnt ihr Wattestäbchen benutzen. Lasst die Nuggets kurz trocknen.

5 Befestigt die Magnete mit Heißkleber auf der Rückseite der Glasnuggets. Achtet dabei unbedingt darauf, die Magnete richtig herum festzukleben!

6 Jetzt könnt ihr eure Magnete an den Kühlschrank oder ans Memoboard pinnen oder weiterverschenken.

SPORTLICHE

ABENTEUER

HINDERNIS-PARCOURS
im Haus

Diese Momente, in denen das Wohnzimmer zum Indoorspielplatz wird, kennen die meisten Eltern. Dann werden Sitzsäcke, Kissen und Decken auf dem Boden ausgebreitet und Höhlen und Tobeflächen gebaut. Zusammen lässt sich das Ganze optimieren, indem man gemeinsam einen abwechslungsreichen Hindernis-Parcours aufbaut. Das macht allen Beteiligten Spaß und vertreibt Langeweile im Handumdrehen. Vor allem das Laser-Labyrinth ist ein echtes Highlight!

Das braucht ihr:

- Spieltunnel oder Stühle
- Masking Tape
- Hula-Hoop-Reifen
- Kissen
- Geschenkband in Rot
- Kreppband
- Schal zum Verbinden der Augen

1 Überlegt, welche Hindernisse ihr aufbauen möchtet. Wie lang soll der Parcours werden? Wie schwierig sollen die Hindernisse sein? Macht euch gemeinsam ans Werk und baut den Parcours auf.

2 Bildet zwei Teams, die gegeneinander antreten, und durchquert den Parcours nacheinander. Für jedes fehlerfrei durchquerte Hindernis erhält das jeweilige Team einen Punkt. Das Team, das am Ende die meisten Punkte erspielt hat, gewinnt die Challenge.

IDEEN FÜR DEN HINDERNIS-PARCOURS

1 Stellt einen Spieltunnel auf, durch den die Spieler kriechen müssen. Habt ihr keinen Tunnel parat, könnt ihr einen aus aneinander gestellten Stühlen bauen.

2 Klebt einen Streifen Masking Tape auf den Boden. Jeder Spieler muss entlang des Streifens auf einem Bein hüpfen.

3 Hängt einen Hula-Hoop-Reifen auf, durch den die Spieler hindurchklettern müssen.

4 Legt eine Reihe von Kissen auf den Boden, über die jeder hüpfen muss.

5 Bastelt aus rotem Geschenkband ein Laser-Labyrinth, durch das die Spieler hindurchkommen müssen, ohne die „Laserstrahlen" zu berühren. Klebt die Enden des Geschenkbands mit Kreppband an Wänden, Türen und Möbeln fest.

6 Klebt einen weiteren Streifen Masking Tape auf den Boden, über den alle Spieler mit verbundenen Augen balancieren müssen.

TIPP

Ein Hindernis-Parcours lässt sich bei schönem Wetter auch wunderbar draußen aufbauen.

FUSSBALL-KROCKET
auf dem Rasen

Ballspiele gehen immer! Draußen toben geht immer! Spiele gehen immer! Also, warum nicht alles miteinander kombinieren? Es macht immer wieder großen Spaß, neue Spielideen auszuprobieren! Vor allem, wenn alles selbst gebaut ist und die Spielregeln den eigenen Vorstellungen und dem Alter der teilnehmenden Kinder entsprechen. Fußball-Krocket ist schnell vorbereitet und das Spielen sorgt für reichlich Abwechslung und Bewegung!

Das braucht ihr:

- Stöcke
- Kordel
- Softbälle
- Stoppuhr

1 Steckt jeweils zwei Stöcke mit etwas Abstand zueinander in den Boden und spannt an die oberen Enden ein Stück Kordel. Achtet darauf, dass die Tore breit genug für den Ball sind.

2 Platziert die Tore an unterschiedlichen Stellen. Sie sollten weder zu weit auseinander noch zu nahe beieinander liegen.

3 Nummeriert die Tore oder legt den genauen Streckenverlauf mündlich fest.

4 Nehmt einen passenden Softball und entscheidet euch für eine der unten aufgeführten Spielvarianten.

SPIELVARIANTE 1

Es wird nacheinander gespielt. Der Spieler, der an der Reihe ist, muss den Ball so schnell wie möglich und in der richtigen Reihenfolge durch die kleinen Tore schießen. Der schnellste Spieler gewinnt das Spiel.

SPIELVARIANTE 2

Ihr spielt wahlweise einzeln oder in Teams gegeneinander. Beim Durchlaufen des Parcours zählt ihr die Schüsse, die ihr für die gesamte Strecke benötigt. Der Spieler oder das Team mit den wenigsten Schüssen gewinnt.

SPIELVARIANTE 3

Ihr spielt nacheinander in Teams. Jedes Team bekommt fünf Bälle, die alle so schnell wie möglich in der richtigen Reihenfolge durch die Tore geschossen werden müssen. Nach jedem Tor übernimmt ein anderes Teammitglied. Diese Spielvariante erfordert Aufmerksamkeit, Teamgeist und Schnelligkeit. Das schnellste Team gewinnt das Spiel.

NACHTWANDERUNG
mit kleinen Aufgaben

Nachtwanderungen sind spannend und regen alle Sinne an. Es ist nämlich etwas ganz anderes, bekannte Wege im Dunkeln spazieren zu gehen. Und gerade weil so eine aufregende Nachtwanderung nicht täglich stattfindet, ist die Vorfreude auf so ein Ereignis riesig! Für zusätzlichen Spielspaß und Abwechslung während der Nachtwanderung sorgen kleine Aufgaben-Zettel, die während der Wanderung gelöst werden müssen.

Das braucht ihr:

- Zettel
- Stifte
- Taschenlampen
- kleine Snacks für ein Picknick im Dunkeln

1 Überlegt euch verschiedene Aufgaben für die Nachtwanderung und notiert sie auf so vielen Zettel, wie Kinder mitlaufen. Orientiert euch bei der Aufgabenfindung an dem Weg, den ihr gehen wollt. Was gibt es dort zu sehen, zu erkunden, zu finden und zu entdecken?

2 Sobald es draußen dunkel wird, bekommt jedes Kind seinen eigenen Zettel, einen Stift und eine Taschenlampe. Dann geht's auch schon los. Die Aufgaben müssen in der richtigen Reihenfolge abgearbeitet werden. Bei schwierigen Aufgaben könnt ihr euren Kindern helfen oder ihnen Hinweise geben.

3 Alle Aufgaben sollten gelöst sein, bevor ihr am Ziel ankommt. Dort könnt ihr dann als Überraschung und Belohnung für das Lösen aller Aufgaben ein Picknick im Dunkeln veranstalten.

IDEEN FÜR DIE AUFGABEN

1 Leuchtet mit der Taschenlampe SOS.

2 Findet etwas Besonderes.

3 Denkt euch einen Gruselreim aus.

4 Geht ein Stück mit geschlossenen Augen und lasst euch führen.

5 Nennt fünf Tiere, die nachts wach sind.

TANZABEND
mit lustigen Tanzspielen

Tanzen macht jedem Spaß – ganz gleich ob Klein oder Groß. Dabei spielt es keine Rolle, ob frei getanzt wird, man sich gemeinsam neue Tanzschritte überlegt oder richtige Choreographien einstudiert. Lustige Tanzspiele hingegen sorgen für noch mehr Spaß – vor allem bei kleinen Kindern! Tanzen vereint Bewegung mit guter Laune und sorgt für einen Kurzausflug aus dem Alltag. Probiert es aus! Am Ende werdet ihr viel zu Lachen und Erzählen haben!

REISE NACH JERUSALEM

Das braucht ihr:

- Musik
- Luftballons
- Limbostange

Stellt Stühle nebeneinander in die Raummitte. Es gibt einen Stuhl weniger als Teilnehmer. Der Spielleiter startet die Musik und alle tanzen um die Stühle herum. Sobald die Musik stoppt – und das geschieht willkürlich – müssen sich alle Teilnehmer auf einen freien Stuhl setzen. Der Spieler, der keinen Platz bekommt, scheidet aus. Gleichzeitig wird ein Stuhl aus der Mitte entfernt. Das Spiel geht so lange weiter, bis in der letzten Runde nur noch ein Stuhl und zwei Teilnehmer übrig sind. Der Spieler, der sich in dieser Runde den Stuhl ergattert, gewinnt das gesamte Spiel.

LUFTBALLONTANZ

Bildet Tanzpaare und schnappt euch ein paar Luftballons! Klemmt je einen Ballon zwischen die Bäuche, Gesichter oder Popos und nehmt die Hände hinter den Rücken. Ab jetzt dürfen sie den Luftballon nicht mehr berühren. Dann wird zur Musik getanzt. Fällt der Luftballon eines Tanzpaares herunter, scheidet es aus. Das Tanzpaar, das am längsten durchhält, gewinnt die Tanzrunde.

LIMBO-TANZ

Bei diesem Tanz stehen sich zwei Teilnehmer gegenüber und halten die Limbostange – zum Beispiel einen Besenstiel oder einen langen Ast – waagerecht über den Boden. Sobald die Musik startet, versuchen die Tänzer, durch hüpfende Bewegungen und mit nach hinten geneigten Oberkörpern, unter der Stange hindurch zu tanzen. Die Stange darf dabei nicht berührt werden. Variiert den Abstand zwischen Boden und Stange je nach Größe des Tänzers. Je näher die Stange am Boden ist, desto schwieriger ist es für den Tänzer, den Limbo zu tanzen.

TIPP

Am meisten Spaß machen Tanzabende mit gemischter Musik. Wählt Songs verschiedener Musikrichtungen! Es macht nicht nur Spaß, zu unterschiedlichen Stilen zu tanzen, sondern erweitert außerdem den musikalischen Horizont.

STOPPTANZ

Alle Teilnehmer begeben sich auf die Tanzfläche und der Spielleiter startet die Musik. Daraufhin dürfen alle ausgelassen tanzen. Doch sobald die Musik stoppt, müssen alle wie versteinert stehen bleiben. Wer zu spät reagiert und sich noch einmal bewegt, scheidet aus. Gewonnen hat derjenige, der zum Schluss auf der Tanzfläche übrig bleibt.

CHOREOGRAPHIE EINSTUDIEREN

Wählt einen gemeinsamen Lieblingssong aus und überlegt zusammen, wie ihr dazu tanzen könnt. Studiert einen kleinen Tanz ein und versucht, diesen zum Schluss synchron und möglichst fehlerfrei zu tanzen. Vielleicht habt ihr sogar Lust, eure eigene Choreographie mit der Kamera aufzuzeichnen? Solche Videos sind etwas Besonderes und tolle Erinnerungen für später!

TANZ-WETTBEWERB

Jeder von euch darf einen Tanz zu einem zuvor gewählten Song vorführen — wahlweise allein oder als Paar. Wenn jeder getanzt hat, entscheidet entweder der Spielleiter über den besten Tanz oder ihr bewertet euch gegenseitig und wählt den besten, coolsten oder schönsten Tanz gemeinsam aus.

BLINDEKUH-PARCOURS
im Teamwork

Es ist schon schwer genug, einen Hindernis-Parcours mit geöffneten Augen zu durchlaufen. Doch wie herausfordernd ist das Ganze wohl mit verbundenen Augen? Bildet Teams und helft euch gegenseitig durch Zurufen über die Hindernisse. Die Bewältigung des Blindekuh-Parcours wird damit noch lustiger und außerdem zu einer echten Vertrauensübung!

Das braucht ihr:

- Spieltunnel oder Stühle
- zwei lange Bretter
- 5 Klinkersteine
- 12 kleine Stöcke
- Kordel
- Korb
- Ball
- Schal

1 Setzt euch zunächst zusammen und überlegt euch passende Spiele für eure (Garten)-Challenge aus. Solltet ihr keinen Garten haben, lässt sich der Parcours sicherlich auch im Park oder auf einer naheliegenden Wiese umsetzen.

2 Sammelt alle Utensilien zusammen, die ihr benötigt und fangt mit dem Aufbau an. Achtet darauf, dass die verschiedenen Hindernisse ausreichend Abstand zueinander haben und dass sich schwierige und leichte Hindernisse abwechseln.

3 Bildet Zweierteams und legt die Reihenfolge fest, in der ihr gegeneinander antretet. Pro Team werden zwei Runden gespielt, das heißt, jedes Teammitglied leitet und durchquert den Parcours mit verbundenen Augen je einmal.

4 Jeder Spieler muss sich vor Antritt ein paar Mal im Kreis drehen und wird anschließend zum Startpunkt geführt. Das andere Teammitglied versucht anschließend mit Anweisungen, seinen Mitspieler fehlerfrei durch den Parcours zu lotsen.

5 Nach jeder Spielrunde werden die Fehlerpunkte gezählt und notiert. Danach ist das nächste Team an der Reihe. Das Team, das am Ende die wenigsten Fehlerpunkte hat, gewinnt den Blindekuh-Parcours.

TiPP

Kleinen Mitspielern, die links und rechts noch nicht voneinander unterscheiden können, könnt ihr ein kleines Armband an das rechte Handgelenk binden. Das leitende Teammitglied nutzt dann passende Anweisungen wie: „Geh ein Stück zur Armband-Seite!"

DiE HiNDERNiSSE

1 Stellt einen Spieltunnel auf, durch den die Spieler kriechen müssen. Habt ihr keinen Tunnel parat, könnt ihr einen aus aneinander gestellten Stühlen bauen.

2 Platziert ein langes Brett im Garten, auf dem balanciert werden muss, ohne dass der Spieler herunterstolpert. Wenn ihr an drei Stellen Klinkersteine unterlegt, wird das Ganze wackeliger und schwieriger. Habt ihr kein Brett da, könnt ihr auch aus zwei Seilen einen schmalen Gang legen, durch den die Spieler gelotst werden müssen.

3 Eine Wippe ist der schwierigste Teil des Parcours. Dafür braucht ihr ein langes Brett und zwei Klinkersteine, die ihr in der Mitte unter dem Brett platziert. Es ist eine wahre Herausforderung, blind über eine Wippe geführt zu werden!

4 Steckt je zwei Holzstäbe in den Boden und verbindet die oberen Enden mit einer Kordel. Baut insgesamt fünf dieser Stolperfallen mit jeweils etwas Platz dazwischen auf. Diese Hindernisse müssen nun überschritten werden, ohne die Stöcke und die Kordel zu berühren.

5 Baut ein kleines Tor (siehe Punkt 4) und platziert ein paar Meter davon entfernt einen Korb mit einem Ball darin. Der Spieler mit den verbundenen Augen muss den Ball zunächst aus dem Korb nehmen und ihn anschließend durch das kleine Tor schießen.

Das verknotete FAMILIENSPIEL

Manchmal wollen Kinder am liebsten alles auf einmal machen: zusammen basteln, gemeinsam Zeit verbringen und ein Spiel spielen. All diese Wünsche sind nicht immer unter einen Hut zu bekommen, manchmal gelingt es aber doch! Die einfachste Möglichkeit ist es, gemeinsam ein Spiel zu basteln, das anschließend zusammen gespielt wird. Je lustiger das Spiel, desto besser! Für besonders viele Lacher sorgt dieses Spiel hier, bei dem sich irgendwann niemand mehr halten kann.

Das braucht ihr:

- Kopierpapier, A4
- Graupapperest
- Bleistift
- Schere
- Filzstifte
- Pappteller, ø 23 cm
- Klebestift
- Musterklammer

Vorlage Seite 114

1 Übertragt die Vorlage der Spielscheibe auf das Papier und die des Pfeils auf die Graupappe und schneidet beides aus.

2 Malt den Pfeil schwarz und die Symbole auf der Spielscheibe bunt an. Achtet darauf, dass gleiche Symbole dieselbe Farbe erhalten.

3 Klebt die Spielscheibe auf die Unterseite des Papptellers.

4 Stecht ein Loch in die Tellermitte und befestigt den Pfeil mit einer Musterklammer daran.

5 Unterteilt den Teller mit einem Filzstift in vier Teile und beschriftet jedes Viertel mit einem der folgenden Körperteile: „Linke Hand", „Rechte Hand", „Linker Fuß", „Rechter Fuß".

6 Setzt euch zum Spielen im Kreis um die Spielscheibe auf den Fußboden. Dann wird der Pfeil reihum gedreht. Die ausgewählte Aktivität muss anschließend von dem Spieler, der gedreht hat, ausgeführt werden. Zeigt der Pfeil zum Beispiel auf ein Kopf-Symbol im Bereich „Linke Hand", muss der Spieler mit seiner linken Hand den Kopf eines Mitspielers berühren. Dreht der nächste Spieler das Hand-Symbol in die Rubrik „Rechter Fuß", muss dieser mit seinem rechten Fuß die Hand eines Mitspielers berühren usw.

7 Das Spiel geht so lange weiter, bis sich ein oder mehrere Spieler nicht mehr weiter verbiegen, verknoten oder halten können.

MiNi-OLYMPiADE
im Urlaub oder zu Hause

Bei jedem Sommerfest in der Schule und im Kindergarten werden Spiele veranstaltet, bei denen Zweierteams gegeneinander antreten müssen. Für ein erfolgreich absolviertes Spiel gibt es einen Sticker oder einen Stempel auf einer Teilnehmerkarte. Kinder lieben diese Mini-Wettkämpfe, denn sie gleichen jedes Mal einer kleinen Olympiade. Warum also nicht selbst eine veranstalten? Mit der ganzen Familie, Freunden oder am Kindergeburtstag?

Das braucht ihr:

- langer Stock
- Springseile
- Kegel oder leere Plastikflaschen
- Ball
- Eimer und Becher
- 10 kleine Stöcke
- Kordel

1 Überlegt euch zunächst passende Spiele für eure Olympiade. Worauf habt ihr Lust? Was benötigt ihr alles für den Aufbau?

2 Statt wie bei uns am Strand lässt sich die Olympiade natürlich auch im Garten, auf einer Wiese oder im Park umsetzen. Sucht euch ein leeres, ruhiges Plätzchen und baut dort die verschiedenen Disziplinen auf. Bildet anschließend Zweierteams. Je mehr Mitspieler es gibt, desto lustiger wird die Olympiade.

3 Alle Teams treten nacheinander an den verschiedenen Stationen gegeneinander an. Das Team, das schneller oder besser ist oder weniger Fehler macht, gewinnt die Spielrunde und erhält einen Punkt. Am Ende gewinnt das Team mit den meisten Punkten.

SPIELIDEEN

1 Fürs Weitspringen benötigt ihr ein Seil oder einen Stock als Markierung der Absprungfläche. Wählt einen Spieler pro Team aus, alle starten für den Anlauf an demselben Startpunkt. Wer am weitesten springt, gewinnt und erhält einen Punkt fürs Team.

2 Legt eine bestimmte Zeit fest, in der jeweils ein Teammitglied Seilspringen muss. Derjenige, der die meisten fehlerfreien Sprünge am Stück macht, bekommt einen Punkt für sein Team.

3 Baut ein Kegelspiel auf. Wahlweise könnt ihr dafür entweder Holzkegel oder leere Plastikflaschen nehmen, die ihr 4-5 cm hoch mit Wasser füllt. Auch bei diesem Spiel tritt je ein Spieler pro Team an. Derjenige, der mit zwei Würfen die meisten Kegel umwirft, gewinnt und sammelt einen Punkt für sein Team.

4 Steckt eine gerade Strecke von ca. 20 Metern ab und stellt an jedes Ende jeweils einen Eimer – einmal mit und einmal ohne Wasser. Jeder Spieler bekommt nun einen Becher und muss damit das Wasser vom einen Eimer in den anderen schütten. Wer innerhalb einer vorgegebenen Zeit mit seinem Becher am meisten Wasser in den leeren Eimer geschüttet hat, gewinnt und holt einen Punkt für sein Team.

5 Steckt jeweils zwei kleine Stöcke mit ausreichend großem Abstand zueinander in den Boden und verbindet die oberen Enden mit einer Kordel. Stellt vier weitere Hindernisse mit ausreichend Platz dazwischen auf. Die Hürden müssen nun bei einem Wettlauf übersprungen werden. Dabei treten jeweils zwei Spieler gegeneinander an. Wer am schnellsten ist, gewinnt einen Punkt für sein Team.

~ Unser Seychellen-Urlaub ~

Das fanden wir am schönsten:

Tom: in den Quellen toben
Lotte:
Lilli: die frohen Clowns nach Cureuse
Mama:
Papa:

Das sind wir 2017.

Mari   Lotte

Micha

Lilli

Tom

GROSSE

ABENTEUER

Das etwas andere FAMILIENALBUM

Jeder von uns kennt die typischen Freundschaftsalben, die Kinder untereinander austauschen, um sich für immer darin zu verewigen – meist mit einem Foto, einer kleinen Zeichnung und verschiedenen Angaben zu sich und seinen Träumen. Ich finde diese Idee so schön, dass wir sie nun auch auf die eigene Familie übertragen haben. Auf diese Weise lässt sich jedes Jahr ein individuell gestaltetes Familienalbum anlegen, mit dem man sein persönliches Familienjahr für die Ewigkeit festhalten kann.

Das braucht ihr:

- hübsches Notizbuch
- Stifte
- Masking Tape
- verschiedene Sticker
- Familienfotos

1 Wählt gemeinsam verschiedene Fotos des vergangenen Jahres aus. Es sollten einzelne Bilder von jedem Familienmitglied sowie eine Auswahl an schönen Familienfotos mit dabei sein. Fotos von den Kinderzimmern oder dem Garten sowie von Momentaufnahmen, die in diesem Jahr eine wichtige Rolle gespielt haben – Einschulung, Umzug, Taufe, besondere Ausflüge oder Urlaube – dürfen natürlich ebenfalls nicht fehlen.

2 Druckt die ausgewählten Fotos auf Fotopapier aus oder lasst sie professionell entwickeln. Dann überlegt ihr, wie ihr das Familienalbum gestalten möchtet und in welcher Reihenfolge die Einträge erscheinen sollen.

3 Bebildert, beschriftet und verziert euer Album wie es euch gefällt. Kleine Zeichnungen, Sticker und Masking Tape dürfen hier natürlich nicht fehlen. Je mehr mithelfen, desto bunter und kreativer wird das Ergebnis.

THEMEN-IDEEN FÜR DAS FAMILIENALBUM

1 Jedes Familienmitglied füllt einen kleinen Steckbrief über sich aus: Wer unternimmt was am liebsten? Was ist der aktuelle Lieblingsfilm von allen? Welche Wünsche hat jeder für das nächste Jahr?

2 Haltet eure Handabdrücke fest, indem ihr eure Hände mit einem bunten Stift umfahrt.

3 Klebt gemalte Bilder eurer Kinder ins Album und schreibt das Datum dazu.

4 Klebt schöne Schnappschüsse vom Familienurlaub und von Ausflügen ein. Was hat wem im Urlaub am besten gefallen? Was war besonders prägend und warum?

5 Wie sehen aktuell die Kinderzimmer aus? Wie die Wohnung und der Garten?

6 Wenn ihr ein Haustier besitzt, darf ein Steckbrief dieses Familienmitgliedes natürlich nicht fehlen!

TIPP

Schaut euch, nachdem ihr das
neue Album fertiggestellt habt,
noch einmal das vom Vorjahr an
und vergleicht eure Einträge.
Das macht wahnsinnig viel Spaß!

GEISTERBAHN
für zu Hause

Kinder lieben Gruselgeschichten, spannende Abenteuer, mystische Sagen – und Geisterbahnen. Ein eigenes Gruselkabinett zu bauen ist daher ein ganz besonderes Erlebnis. Mit nur ein paar Handgriffen und etwas Vorbereitung lässt sich das Kinderzimmer im Nu in eine gruselige Höhle verwandeln. Da machen nicht nur die Vorbereitungen Spaß, sondern vor allem das anschließende gegenseitige Gruseln und Erschrecken. Denn mit wem lässt es sich schöner gruseln als mit der Familie?

Das braucht ihr:

- Decken, Kissen und Tücher
- Kostüme
- Masken
- Kuscheltiere
- Klopapier

1 Wählt gemeinsam einen Raum oder ein Kinderzimmer, in dem die Geisterbahn aufgebaut werden soll. Gestaltet den Raum gänzlich um, indem ihr vor Möbel und Regale Decken und Tücher hängt. Lasst auch ein paar Tücher mitten im Raum von der Decke hängen.

2 Sorgt durch gruselige Accessoires, wie Papier-Skelette, Taschentuch-Gespenster und Grusel-Spinnen, für mystische Atmosphäre (Anleitungen siehe Seite 92/93).

3 Geht auf die Suche nach weiteren Requisiten. Findet ihr gruselige Kostüme, Kuscheltiere, Masken oder Figuren? Dann nutzt auch sie für eure persönliche Geisterbahn! Sorgt beim Dekorieren für ausreichend gute Verstecke, damit ihr die anderen später erschrecken könnt.

4 Wickelt große Kuscheltiere in Klopapier ein und verwandelt sie in Kuscheltier-Mumien.

5 Dunkelt nun noch das Zimmer ab und schaltet Gruselmusik ein.

6 Sobald die Geisterbahn fertig aufgebaut ist, bildet ihr zwei Teams: eines, das erschreckt, und eines, das sich gruseln darf. Die Geisterbahnbesucher müssen das Zimmer nun für einen kurzen Augenblick verlassen, damit sich das andere Team verstecken und später unerwartet aus verschiedenen Verstecken heraus erschrecken kann. Wechselt euch nach einer Weile ab und wiederholt das gruselige Abenteuer sooft ihr mögt.

Papier-Skelett

Das braucht ihr:

- Tonpapier in Weiß
- Bleistift
- Schere
- spitze Nadel
- Büroklammern
- Nähgarn in Weiß

Vorlage Seite 118/119

1 Übertragt die Vorlagen auf das weiße Tonpapier und schneidet alle Teile aus.

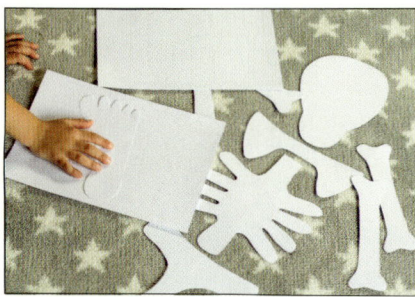

2 Puzzelt das Skelett auf dem Fußboden zusammen. Dann stecht ihr mit einer spitzen Nadel kleine Löcher an den Stellen in die Knochen, an denen sie später miteinander verbunden werden.

3 Biegt die Büroklammern auf und verbindet die Skelett-Teile mit ihnen.

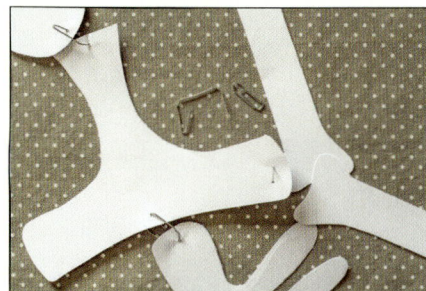

4 Sucht einen passenden Platz für das Skelett und hängt es im Kinderzimmer auf – am besten vor einem dunklen Tuch oder einer dunklen Decke. Um das Skelett aufzuhängen, führt ihr oben am Kopf einen Faden mit der Nadel durch.

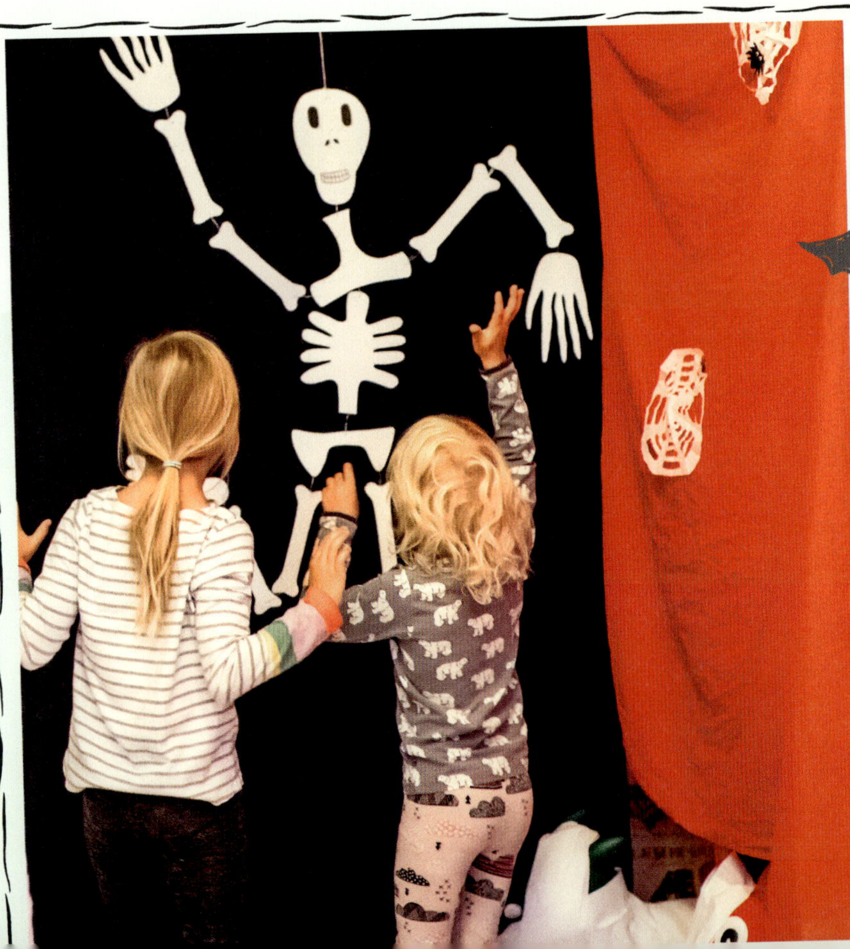

TASCHENTUCH-GESPENST

- Papiertaschentücher
- Nähgarn in Weiß
- Filzstift in Schwarz
- Nähnadel

1 Legt ein Taschentuch geöffnet vor euch auf den Tisch und ein zweites zusammenge-knülltes Tuch in dessen Mitte. Schlagt die Taschentuchspitzen über den Geisterkörper ein, formt das kleine Gespenst aus und bindet es mit einem weißen Garn ab, sodass ein Kopf und ein Körper entstehen.

2 Bastelt so viele Gespenster wie ihr möchtet und malt ihnen anschließend schwarze Augen auf.

3 Um die Geister aufzuhängen, führt ihr oben am Kopf einen Faden mit der Nadel durch.

SPINNENNETZ UND GRUSEL-SPINNE

1 Als Erstes entfernt ihr vorsichtig eine Lage des Taschentuchs. Dann faltet ihr eine Ecke zur gegenüber-liegenden. Dadurch entsteht ein Dreieck.

2 Faltet nun die linke Ecke zur rechten Ecke, dann die obere Spitze zur rechten Ecke und zum Schluss noch einmal die linke Kante auf die untere Kante.

3 Legt das gefaltete Taschentuch so vor euch auf den Tisch, dass die geschlossene Seite links liegt. Dann zeichnet ihr von der rechten Kante ausgehend kleine, bogenförmige Rechtecke auf, die ihr anschließend mit einer Schere ausschneidet. Achtet darauf, dass ihr die linke Kante nicht durchschneidet. Faltet das Taschentuch vorsichtig auf.

4 Übertragt die Vorlage für die Spinnen auf das schwarze Tonpapier sooft ihr möchtet und schnei-det sie aus. Klebt jeder Spinne noch zwei Wackelaugen auf – fertig!

5 Klebt das Spinnennetz und die neuen Geisterbahnbewohner mit Klebefilm an den Tüchern, Möbeln und Decken fest.

- Papiertaschentücher
- Filzstift in Schwarz
- Schere
- Tonpapier in Schwarz
- Wackelaugen, ø 0,5 cm
- Klebefilm

Vorlage Seite 119

Das magische ZAUBERPAKET

Das Zauberpaket ist bei uns das Highlight auf jedem Kindergeburtstag! Da Geburtstag jedoch nur einmal im Jahr gefeiert wird, finden es unsere Kinder immer ganz besonders toll, wenn das magische Paket auch einmal mit der Familie geöffnet wird. Das Zauberpaket ist eine kleine Kiste, in der sich ein paar Überraschungen befinden. Die Kinder gelangen allerdings nur dann an den Inhalt der Kiste, wenn sie zuvor verschiedene Aufgaben gelöst haben.

Das braucht ihr:

- kleine Schachtel
- Süßigkeiten oder kleine Überraschungen
- Geschenkpapier
- Papier
- Filzstift

1 Füllt die Schachtel mit Süßigkeiten oder kleinen Geschenken.

2 Verpackt die Schachtel mit Geschenkpapier und klebt anschließend einen kleinen Aufgabenzettel auf die Oberseite.

3 Jetzt packt ihr das Päckchen erneut ein und bestückt es mit einem weiteren Aufgabenzettel. Wiederholt das Ganze 5-6 Mal. Auf die letzte Schicht Geschenkpapier klebt ihr keinen Zettel mehr, sondern beschriftet das Paket mit „Streng geheim!".

4 Überreicht den Kindern das magische Zauberpaket und fordert sie auf, es zu öffnen. Erst wenn die darunterliegende Aufgabe erledigt wurde, darf die zweite Lage entfernt werden.

5 Zum Schluss wird die Schachtel gemeinsam geöffnet und der Inhalt unter allen Kindern aufgeteilt.

AUFGABEN-IDEEN FÜR DAS ZAUBERPAKET

1 Nennt zehn Tiere, die Eier legen.

2 Findet zehn rote Gegenstände im Raum.

3 Macht ein lustiges Gruppenfoto.

4 Pflückt einen Strauß Wildblumen.

5 Zählt alle Stühle im Haus.

6 Findet zehn versteckte Gegenstände (z. B. Glasnuggets).

7 Hüpft eine Minute lang auf einem Bein.

8 Tanzt zu einem ausgewählten Song.

9 Singt gemeinsam ein Lied.

10 Findet zehn Gegenstände, die mit dem Buchstaben „A" beginnen.

Lustige KREIDE-BILDER

Kinder sind beim Malen mit Straßenkreide besonders kreativ. Sie malen ganze Straßennetze, Supermärkte mit Parkplätzen oder Zoos mit tierischen Bewohnern – und das alles in Riesengroß! Doch was passiert, wenn der Künstler mit seinem fertigen Kreide-Kunstwerk verschmilzt? Dann entstehen fantasievolle Kreide-Bilder, die von oben herab fotografiert zu einer unvergesslichen Erinnerung werden.

Das braucht ihr:

- Straßenmal-kreide
- Leiter
- Fotoapparat

1 Sucht euch einen Asphaltplatz mit möglichst dunklem und feinem Asphaltboden. Achtet darauf, dass dieser Platz sicher ist und nicht zu nahe an einer Straße liegt.

2 Überlegt euch gemeinsam passende Motive, die ihr zusammen umsetzen möchtet. Vergewissert euch, dass ihr für eure Wunschmotive ausreichend Farben dabei habt und malt die verschiedenen Motive nicht zu nahe beieinander, damit beim Fotografieren nur jeweils ein Motiv auf dem Foto zu sehen ist. Es ist außerdem hilfreich, die Person, die später Teil des Bildes werden soll, zuvor probeliegen zu lassen, um die Größe und den Platz des Motivs optimal einzuschätzen.

3 Malt das vorgezeichnete Motiv kräftig aus.

4 Platziert eine oder mehrere Personen an den entsprechenden Ausschnitten des Kreide-Bildes und fotografiert das Ganze mithilfe einer Leiter von möglichst weit oben herab.

TIPP

Je passender ihr für das Kreide-Bild gekleidet seid und je authentischer euer Gesichtsausdruck zu dem jeweiligen Motiv ist, umso schöner wird euer Foto!

Ein ganz persönliches
BILDERBUCH

Jedes Kind hat ein Lieblingsspielzeug. Mal ist es eine Puppe, ein niedliches Stofftier oder eine Kuscheldecke, mal ein bestimmtes Spielzeugauto oder ein ganz spezieller Superheld. Wäre es da nicht cool, seinen Liebling auch als Hauptfigur in einem Buch zu sehen? Denkt euch eine Geschichte aus und setzt diese anschließend Bild für Bild in Szene. Das macht nicht nur unglaublich viel Spaß, sondern ist auch eine schöne Erinnerung für später.

Das braucht ihr:

- Lieblingsspielzeug (z.B. Puppe, Kuscheltier, Spielzeugauto)
- passende Requisiten für eure Geschichte
- Fotoapparat

1 Wählt gemeinsam das Spielzeug oder Stofftier aus, um das sich die Geschichte in eurem Buch drehen soll. Denkt euch anschließend eine lustige, spannende oder rührende Storyline aus. Eurer Fantasie sind keine Grenzen gesetzt! Lasst das Spielzeugauto vom einfachen Auto zum Rennauto werden! Haucht der Lieblingspuppe Leben ein! Lasst die Kuscheldecke zum fliegenden Teppich werden!

2 Setzt eure Geschichte nun Bild für Bild in Szene. Dazu bedarf es lediglich ein paar passender Requisiten. Setzt den Fokus beim Fotografieren immer auf die Hauptfigur.

3 Wählt einen Anbieter im Internet aus, bei dem ihr eure Bücher drucken lassen könnt. Sucht die besten Bilder zu eurer Geschichte heraus und fügt zu jedem Foto einen passenden Text hinzu. Dann müsst ihr euer selbst entworfenes Bilderbuch nur noch bestellen und euch gedulden, bis der Postbote klingelt.

Lillys Bilderbuch

Schäfchen Sally hat ganz arg Bauchweh. All ihre Freunde wollen ihr helfen, lassen Sally allerdings nie zu Wort kommen. Nach unzähligen Hilfsaktionen ruft Sally schließlich laut aus, dass sie bloß Hunger hat. Daraufhin wird den Freunden klar, dass sie Sally bloß hätten zuhören müssen. Als Entschuldigung kochen sie ihr etwas ganz besonders Leckeres.

Lottes Bilderbuch

In Lottes Geschichte geht es um Schnuffi, der partout nicht einschlafen kann. Es hilft kein Bilderbuch, kein nächtlicher Snack, kein Blick aus dem Fenster, kein Hörspiel. Erst als sich Schnuffi auf den Weg zu seiner Menschen-Freundin Lotte macht, wird ihm bewusst, dass er bloß einsam war. Denn kaum dass er bei Lotte im Bett liegt, kann er endlich einschlafen.

Family's next
TOPMODEL

Meine Kinder besitzen eine Vielzahl an Kostümen, die sie in einer riesigen Kostümkiste aufbewahren. Sie lieben es, sich zu verkleiden und in andere Rollen zu schlüpfen. Nur Eltern kennen den Moment, in dem plötzlich ein Drache zum Frühstück kommt oder eine Prinzessin samt Krone und Zepter in den Kindergarten gebracht werden möchte. Was schon beim Zuschauen Spaß macht und Eltern sofort zum Fotoapparat greifen lässt, bringt zusammen gleich doppelt so viel Spaß! Veranstaltet deshalb doch mal spontan einen lustigen Kostüm-Nachmittag mit anschließendem Fotoshooting.

Das braucht ihr:

- Kostüme
- Requisiten
- passende Alltagsgegenstände
- Fotoapparat

SPIELIDEEN

1 Legt gemeinsam ein bestimmtes Motto fest, zu dem sich alle Familienmitglieder verkleiden müssen. Auf die Plätze, fertig, los! Innerhalb von 10-15 Minuten muss jeder fertig verkleidet im Wohnzimmer erscheinen und sich für das Fotoshooting bereit machen. Derjenige, der sich aus Sicht aller Mitspieler am passendsten verkleidet hat, gewinnt das Spiel.

2 Wer verkleidet sich am schönsten von allen? Jeder hat 10-15 Minuten Zeit, sich beliebig zu verkleiden. Ganz gleich ob mithilfe eines fertigen Kostüms oder anderer „Requisiten" aus dem Alltag. Nach Ablauf der Zeit wird jedes Kostüm fotografiert und gemeinsam entschieden, wer das schönste Outfit kreiert hat. Dieser Spieler gewinnt die Kostüm-Challenge.

3 Alle Mitspieler müssen innerhalb von 15-20 Minuten ein ausgefallenes Kostüm zusammenstellen. Dafür dürfen keine fertigen Kostüme, sondern nur Alltagsgegenstände wie Decken, Alufolie, Schals und Mützen, Klopapier, Besen, Kochlöffel usw. benutzt werden. Derjenige, der am Ende das ausgefallenste Kostüm anhat, gewinnt das Spiel.

Lustige FAMILIEN-ZEITKAPSEL

Wäre es nicht unglaublich spannend, eine echte Zeitkapsel zu finden?
Was würden wir wohl in einer vorfinden, die unsere Großeltern oder unsere
Eltern vergraben hätten? Um unseren Nachfahren die Möglichkeit zu geben,
eines Tages eine solche Erfahrung zu machen und diesen magischen und zugleich
spannenden und unterhaltsamen Moment zu erleben, ist es eine tolle Idee,
gemeinsam eine eigene Zeitkapsel zu basteln.

Das braucht ihr:

- große Schachtel
- Tonpapier
- Stifte
- Inhalt für die Zeitkapsel

1 Beschriftet eure Schachtel und macht sie als Zeitkapsel kenntlich. Wenn ihr möchtet, könnt ihr auch schon außen das Datum, an dem ihr die Kapsel füllt und schließt, darauf schreiben.

2 Überlegt gemeinsam, mit welchen Gegenständen ihr eure Zeitkapsel füllen möchtet. Versucht dabei, den aktuellen Zeitgeist so gut wie möglich einzufangen.

3 Legt ein aktuelles Familienfoto und einen persönlichen Brief dazu. Notiert in dem Brief alle Gegenstände, die sich in der Zeitkapsel befinden - jeweils mit einer kurzen Erklärung dazu.

4 Verschließt die Zeitkapsel, sobald sie gefüllt ist. Bringt die Schachtel nun an einen sicheren und vielleicht auch geheimen Ort auf dem Dachboden oder im Keller. Ist das nicht spannend? Wer wird die Zeitkapsel eines Tages finden und öffnen? Vielleicht ihr selbst? Vielleicht eure Kinder, wenn sie erwachsen sind? Vielleicht die Enkelkinder? Oder gar jemand ganz anderes?

IDEEN ZUM FÜLLEN DER ZEITKAPSEL

aktuelle Tageszeitung • Stadtplan • altes Handy • Spielzeugauto

Postkarten, zum Beispiel aus dem Urlaub oder von Ausflügen • gemalte Kinderbilder

Kleidungsstücke • Kassenbon des letzten Großeinkaufs • persönliches Foto

persönlicher Brief • aktuelle Fernsehzeitschrift • Geldmünzen

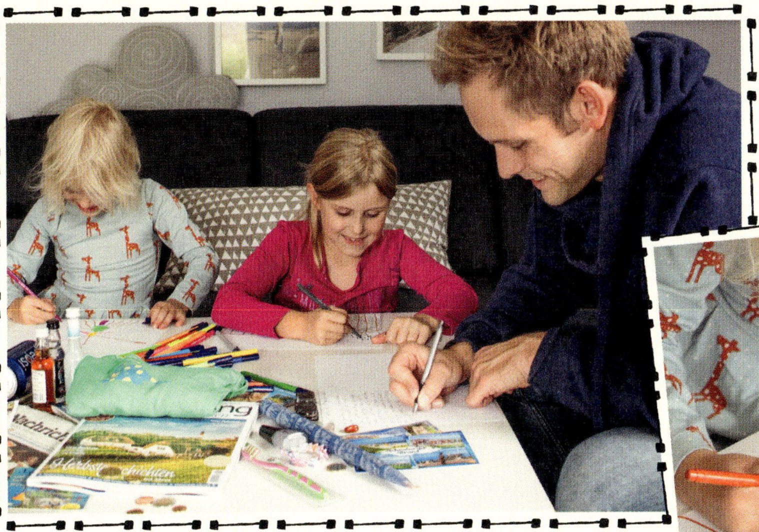

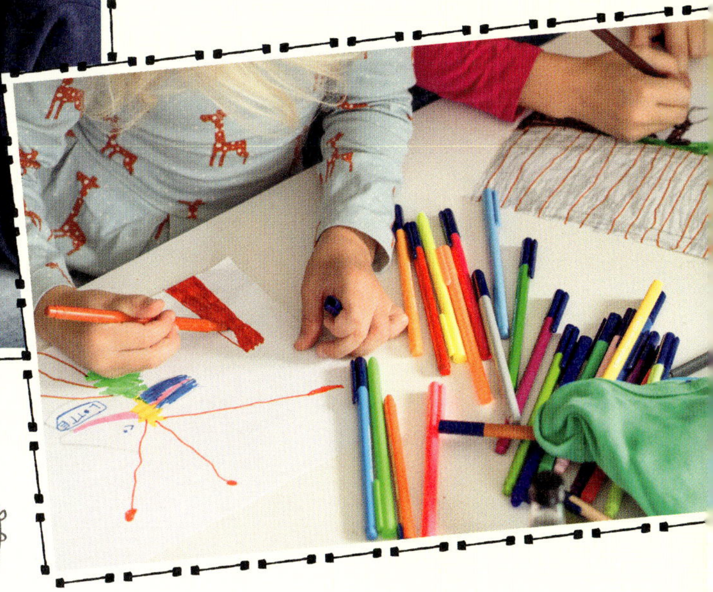

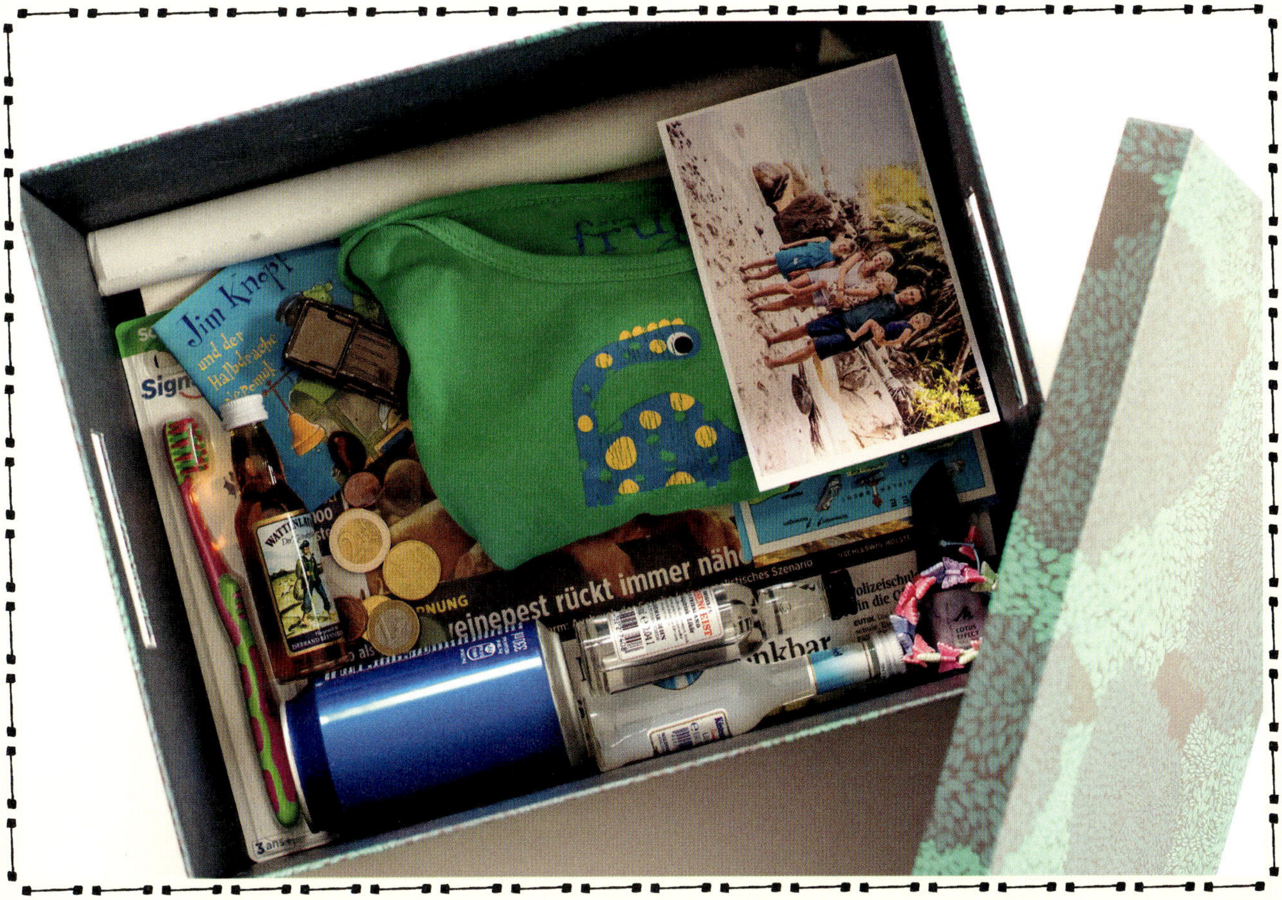
Jim Knopf
und der
Halbdrache

KÜRBISSE nach Kinderzeichnungen

Halloween wird in Deutschland immer beliebter und vor allem von Kindern innig geliebt. Denn was macht es für einen Spaß, das Haus zu dekorieren, sich zu verkleiden und im Dunkeln um die Häuser zu ziehen! Doch auch das Kürbisschnitzen ist ein alljährliches Highlight. Da Kinder sich am liebsten von Anfang an bei der Gestaltung der Kürbisse beteiligen möchten, finde ich die Idee, die Kürbisse nach Kinderzeichnungen einzuschnitzen, besonders schön. Dabei entstehen richtige Kunstwerke, die sehr individuell sind und zu echten Blickfängern werden.

Das braucht ihr:

- große Kürbisse
- wasserfester Filzstift in Schwarz
- scharfes Messer oder Linolmesser
- etwas Reinigungsbenzin
- Löffel
- Teelichter

1 Jedes Kind bekommt einen eigenen Halloween-Kürbis, der mit einem schwarzen, wasserfesten Filzstift nach Herzenslust bemalt wird. Achtet beim Bemalen darauf, dass die Kinderzeichnungen nicht zu detailliert werden, damit sich die Motive am Ende gut in die Kürbisschale einschnitzen lassen.

2 Schnitzt jetzt vorsichtig mit einem scharfen Messer oder einem speziellen Linolmesser den Kürbis entlang der Kinderzeichnungen ein. Die Schale des Kürbisses solltet ihr dabei nur anritzen und nicht durchstechen.

3 Entfernt die schwarzen Filzstiftreste mit etwas Reinigungsbenzin.

4 Nach dem Schnitzen werden die Kürbisse ausgehöhlt. Dafür schneidet ihr zunächst mit einem scharfen Messer einen Deckel ab. Setzt das Messer von oben schräg Richtung Mitte an, sodass eine größere Auflagefläche entsteht und der Deckel nach dem Aushöhlen nicht in das Innere des Kürbisses fallen kann. Der Kürbisstiel ist besonders nützlich und sollte nicht abgeschnitten werden, denn er dient später als praktischer Griff zum Wechseln der Kerzen. Höhlt den Kürbis schließlich so lange mit einem Löffel aus, bis nur noch eine ca. 2 cm dicke Wand stehen bleibt.

5 Wenn ihr möchtet, könnt ihr zusätzlich zu den Kinderzeichnungen an ein paar Stellen richtige Löcher oder Muster in den Kürbis einschneiden, damit der Kürbis später heller leuchtet. Achtet jedoch darauf, dass die Kinderzeichnungen dadurch nicht ihre Wirkung verlieren.

6 Sobald der Kürbis fertig ist, stellt ihr 2-3 kleine Teelichter in das Kürbisinnere und platziert ihn vor eurer Haustür.

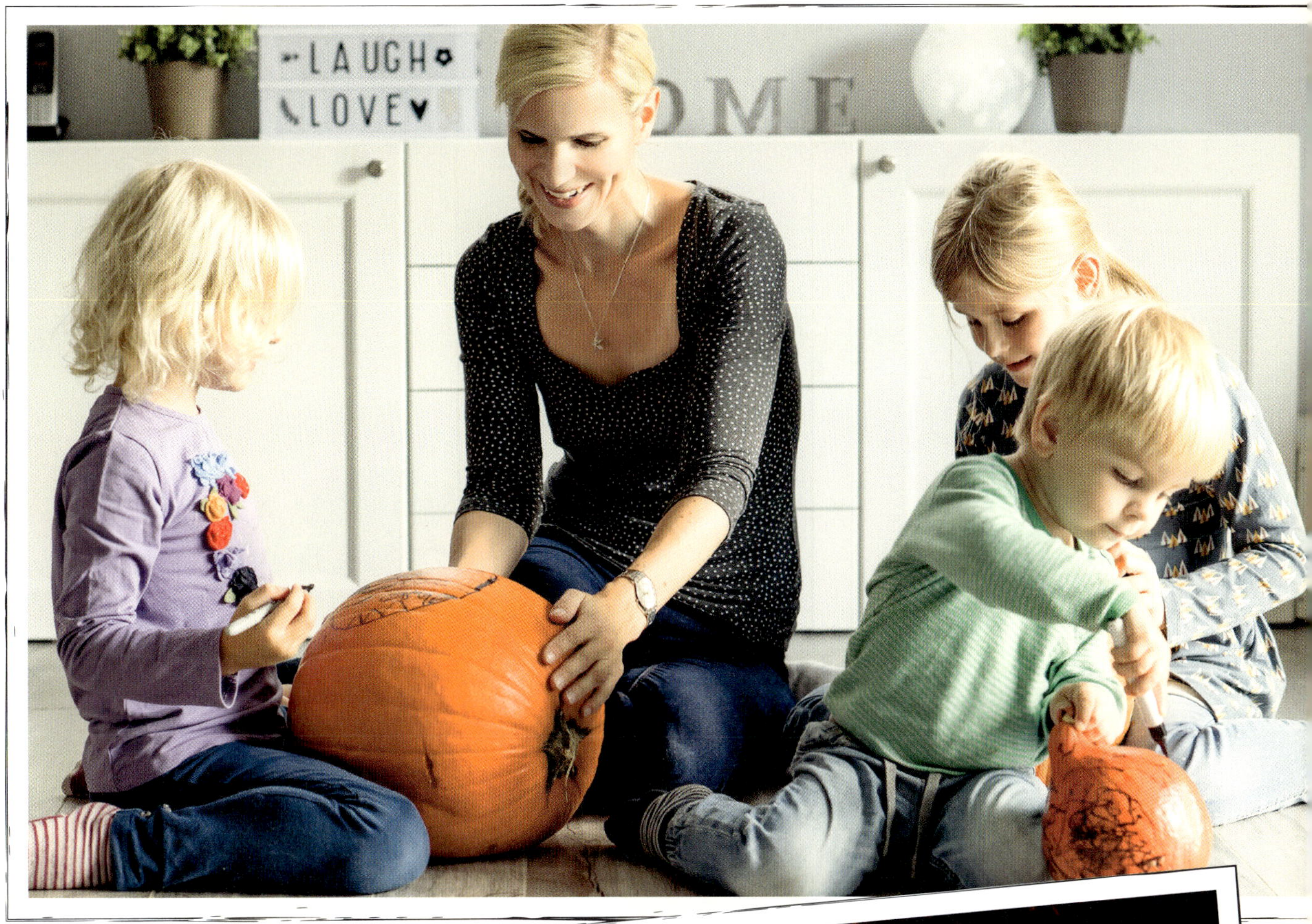
LAUGH
LOVE
OME

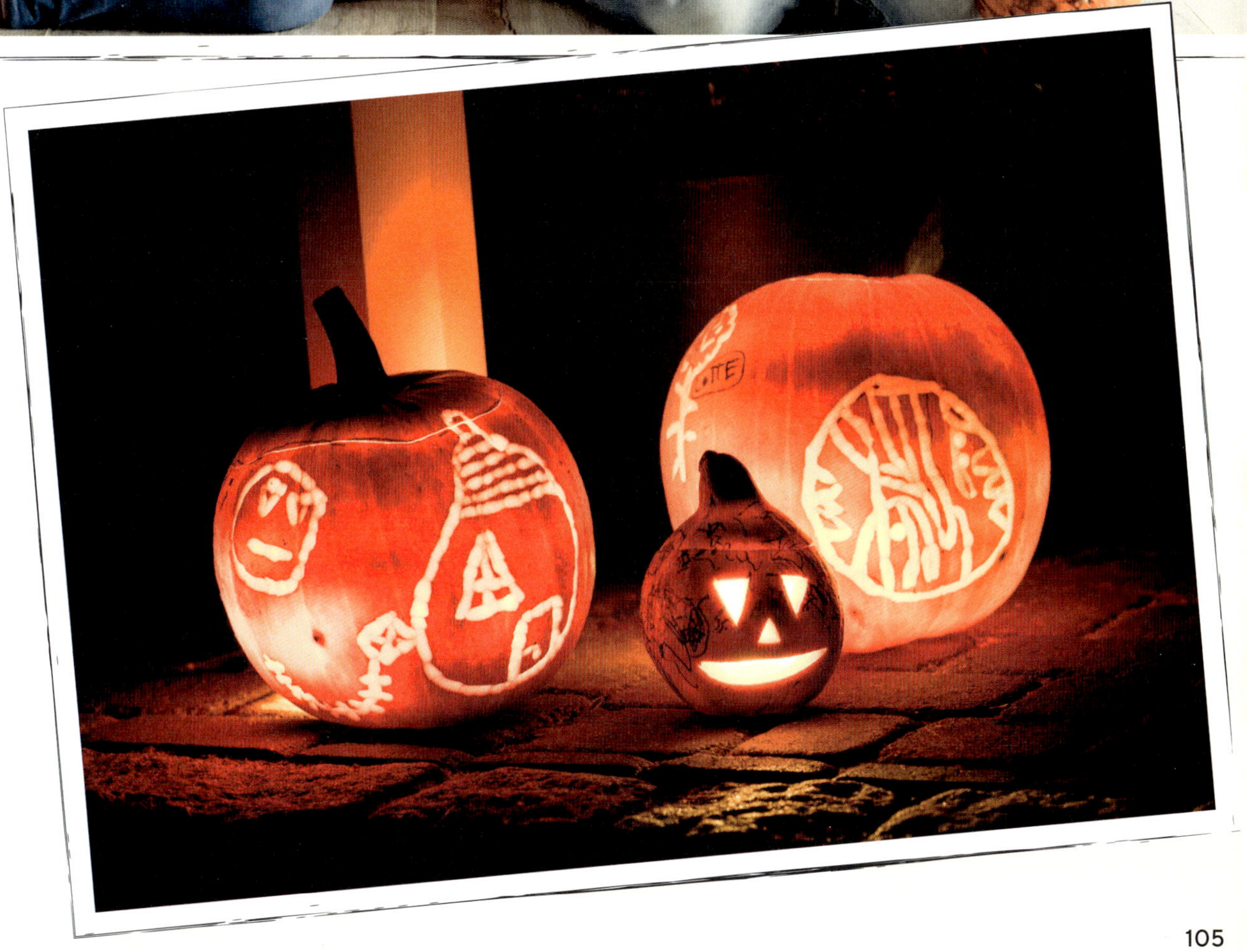

Kleine ZAUBERSHOW

Zauberer faszinieren Menschen seit jeher. Man schaut ihnen zu, kommt aber partout nicht darauf, wie die Tricks funktionieren. Das ist spannend und verblüffend und macht sogar so neugierig, dass man am liebsten sofort selbst drauf los zaubern möchte. Warum auch nicht? Veranstaltet doch mal eine kleine Zaubershow im Kinderzimmer und verzaubert euch gegenseitig!

Das braucht ihr:

- Kostüme
- Zauberstab
- Requisiten für verschiedene Zaubertricks

1 Überlegt euch, welche Zaubertricks ihr vorführen möchtet und bereitet diese anschließend vor. Es ist sinnvoll, dass immer ein Erwachsener und ein Kind zusammen zaubern.

2 Verwandelt das Kinderzimmer in eine Zauberbühne. Bedeckt einen kleinen Tisch mit einem Tuch und stellt darauf alle Requisiten, die ihr für die Tricks benötigt.

3 Dunkelt das Zimmer etwas ab und sorgt auf diese Weise für magische Stimmung.

EINE BANANE MIT GEHEIMNIS

Das braucht ihr:

- Banane
- Nadel
- Faden

1 Die Banane für diesen Zaubertrick sollte nicht zu reif, aber auch nicht zu unreif sein. Ein paar dunkle Flecken darf sie aber ruhig haben.

2 Nehmt Nadel und Faden und steckt die Nadel am oberen Ende der Banane unter die Schale, bis sie auf der anderen Seite wieder austritt. Stecht etwas unterhalb, aber auf derselben „Linie" ein weiteres Mal ein und führt den Faden unter der Schale weiter, bis die Nadel zum zweiten Mal austritt. Fahrt damit so lange fort, bis der Faden ringsherum um das Fruchtfleisch platziert ist. Zieht dann kräftig an beiden Fadenenden, um das Fruchtfleisch mit dem Faden zu durchtrennen.

3 Wiederholt diesen Vorgang an mehreren Stellen, aber immer auf derselben Linie der Banane, sodass sie am Ende gänzlich (aber unsichtbar) in Scheiben geschnitten ist.

4 Führt den Trick vor, indem ihr euch eine magische Geschichte zur Banane ausdenkt, sie anschließend vorsichtig öffnet und das Publikum mit der fertig geschnittenen Banane zum Staunen bringt!

DIE POWER-KARTE

Das braucht ihr:

- zwei Spielkarten
- Klebefilm
- kleiner Plastik-becher

1 Schneidet eine der beiden Spielkarten längs in der Mitte durch und klebt eine Hälfte mit zwei Streifen Klebefilm rechts-bündig auf der Rückseite der intakten Spielkarte fest.

2 Legt die angeklebte Hälfte flach auf die ganze Karte, sodass niemand erken-nen kann, dass sie präpariert ist.

3 Zeigt dem Publikum die Vorderseite der Karte. Sprecht ein paar magische Worte, setzt die Karte mit der schmalen Kante auf den Tisch und versucht, einen Becher auf den flachen Kartenrand zu stellen. Das misslingt euch beim ersten Versuch und steigert die Spannung.

4 Sprecht nun einen anderen Zauber aus und versucht es erneut. Dieses Mal faltet ihr die angeklebte Kartenhälfte beim Hinstellen unauffällig auf. Dadurch entsteht ein „T", das stabil genug ist, um den Becher zu halten. Euer Publikum wird staunen!

AUS WASSER WIRD EIS

Das braucht ihr:

- kleine Kanne
- Wasser
- Tasse
- Lappen
- Eiswürfel

1 Bereitet vor der Vorstellung den Zaubertrick vor, indem ihr die kleine Kanne mit etwas Wasser füllt und einen saugfähigen Lappen in der Tasse plat-ziert. Achtet darauf, dass der Lappen gut festsitzt und beim Umdrehen der Tasse später nicht herausfällt. Dann legt ihr kleine Eiswürfel auf den Lappen.

2 Nun führt ihr den Trick vor und be-hauptet, Wasser in Eis verwandeln zu können. Kippt das Wasser aus der Kanne in die Tasse und sprecht dabei magische Worte. In dieser Zeit wird das Wasser vom Lappen aufgesaugt. Lasst anschließend die Eiswürfel aus der Tasse plumpsen und beweist damit, dass ihr Recht behalten habt.

DIE RICHTIJE KARTE

Das braucht ihr:

- ein Päckchen Spielkarten

1 Mischt die Spielkarten gut durch und formt sie vor den Augen des Publikums zu einem Fächer vor euch auf dem Tisch.

2 Bittet nun jemanden aus dem Publikum, eine beliebige Karte zu ziehen, sie sich anzuschauen und zu merken.

3 Während sich das Publikum die Karte merkt, schiebt ihr die restlichen Karten zu einem Stapel zusammen und werft unauffällig einen Blick auf die unterste Karte des Kartenstapels. Merkt euch diese Karte und legt den Stapel dann beiläufig auf den Tisch.

1 Schließt die Augen. Legt die gezogene Karte mit der Vorderseite nach unten auf den Tisch und den Rest des Kartenstapels obenauf. Dann nehmt ihr den Stapel in die Hand, hebt einen Schwung Karten ab und platziert diesen unter dem restlichen Stapel. Das Publikum denkt nun, dass die gezogene Karte unauffindbar ist.

5 Dreht den Stapel um und geht nun den Kartenstapel Karte für Karte durch. Die Karte, die sich unter der von euch zuvor gemerkten befindet, ist die richtige Karte. Nennt sie und verblüfft das Publikum!

DAS MAJISCHE HANDY

Das braucht ihr:

- leere Plastikflasche
- Handy
- längliches Tuch

1 Schneidet aus einer leeren, durchsichtigen Plastikflasche einen ca. 2 cm breiten Streifen aus. Legt ihn auf euer Handy und passt ihn der Länge des Displays an.

2 Nehmt das Tuch doppelt und platziert es so auf dem Display, dass die Lagen passgenau aufeinander liegen. Die hintere Lage platziert ihr direkt auf dem Handy-Display, die vordere Stoffschicht hängt über der hinteren.

3 Legt nun das Plastikstück auf die hintere Stofflage und haltet die Streifenenden unauffällig mit beiden Händen fest. Für das Publikum sieht es so aus, als ob ihr nur euer Handy festhaltet.

1 Führt den Trick zu zweit vor, indem ihr soweit alles vorbereitet habt. Lasst ein Video auf dem Handy laufen, das von dem Geschehen etwas ablenkt. Nun zieht der Assistent an der hinteren Stofflage, sodass es aussieht, als würde das Tuch das Handy durchdringen. Tatsächlich aber zieht er es an der Telefonunterseite nach hinten. Durch die Stoffschichten bleibt dies verborgen.

5 Am Schluss macht derjenige, der das Handy in den Händen hält, eine magische Handbewegung und lässt das Plastikteil unauffällig verschwinden. Zeigt dem Publikum daraufhin, dass es sich um ein normales Handy und ein normales Tuch handelt. Dieser Trick wird eurem Publikum die Sprache verschlagen!

Die verschwundene Münze

Das braucht ihr:

- Trinkglas
- Glitzerpapier
- Tonpapier
- Klebefilm
- Münze

1 Stellt das Glas mit der Öffnung nach unten auf das Glitzerpapier und umfahrt es mit einem Bleistift. Schneidet den Kreis aus und klebt ihn so am Glasrand fest, dass die Glitzerseite oben ist, wenn das Glas auf dem Kopf steht.

2 Bastelt aus dem Tonpapier und Klebefilm einen Zylinder, der groß genug ist, um über das Glas gestülpt zu werden.

3 Legt ein großes Stück Glitzerpapier, wie es sich am Glasrand befindet, als Zauberunterlage auf den Tisch und platziert das Glas darauf, bevor ihr mit der Vorstellung beginnt. Die Münze legt ihr mit etwas Abstand gut sichtbar daneben.

4 Macht euer Publikum neugierig, indem ihr ankündigt, dass ihr es schafft, die Münze unter dem Glas verschwinden zu lassen.

5 Stülpt den Papier-Zylinder über das Glas und hebt anschließend beide Requisiten gleichzeitig auf die Münze. Murmelt einen magischen Zauberspruch, entfernt den Zylinder und zeigt, dass die Münze verschwunden ist. Diese befindet sich in Wahrheit nun zwischen dem Glitzerboden des Glases und der gleichfarbigen Glitzerunterlage. Aber das weiß natürlich niemand.

Geheimnisvolles ZWERGENGOLD

Kinder, die Zwergengold einmal kennengelernt haben, wünschen sich die mit Edelsteinen gefüllten Ton-Kugeln zum Aufknacken immer wieder! Die Kugeln eignen sich wunderbar als Schatz bei einer Schatzsuche, als besondere Füllung des Adventskalenders oder als Alternative zu Knallbonbons an Silvester. Die Überraschung beim Aufknacken des Zwergengoldes ist jedes Mal riesig. Vor allem, wenn Kinder Zwergengold das erste Mal erleben!

Das braucht ihr:

- Tonmasse
- Messer
- kleine Edelsteine
- Backblech
- Alufolie
- Sprühlack in Gold

1 Als Erstes schneidet ihr ca. 3-4 cm große Tonwürfel mit einem Messer zu. Bereitet so viele Würfel vor, wie ihr Zwergengold-Kugeln herstellen möchtet.

2 Formt die Würfel zu Kugeln und drückt jeweils eine kleine Mulde in die Mitte. Legt je einen Edelstein hinein, formt die Tonmasse erneut zu einer Kugel und lasst den Edelstein auf diese Weise verschwinden. Der Stein sollte nicht mehr zu sehen sein.

3 Das Zwergengold muss nun für ein paar Tage trocknen. Platziert es dafür am besten auf einem mit Alufolie umhüllten Backblech, denn darauf können die Kugeln später problemlos mit dem Sprühlack eingesprüht werden, ohne noch einmal extra umgesiedelt zu werden. Lasst das Zwergengold etwa 3-4 Tage trocknen.

4 Besprüht die Kugeln draußen mit dem goldenen Sprühlack. Wartet nach dem ersten Sprühen 2-3 Minuten, bevor ihr die Kugeln wendet und von der nächsten Seite besprüht. Wiederholt den Vorgang so oft, bis das Zwergengold schön glänzt. Lasst alles gut trocknen.

5 Jetzt kann der Schatz geknackt werden, zum Beispiel mit einem Stein.

TIPP

Alternativ zu den Edelsteinen könnt ihr auch bunte Glasnuggets oder hübsche Murmeln als kleine Schätze im Zwergengold verstecken!

VORLAGEN

Gemütlicher Kinonachmittag

S. 18

Vorlage bitte auf 200% vergößern

Das verknotete Familienspiel

S. 82

Vorlage bitte auf 125% vergößern

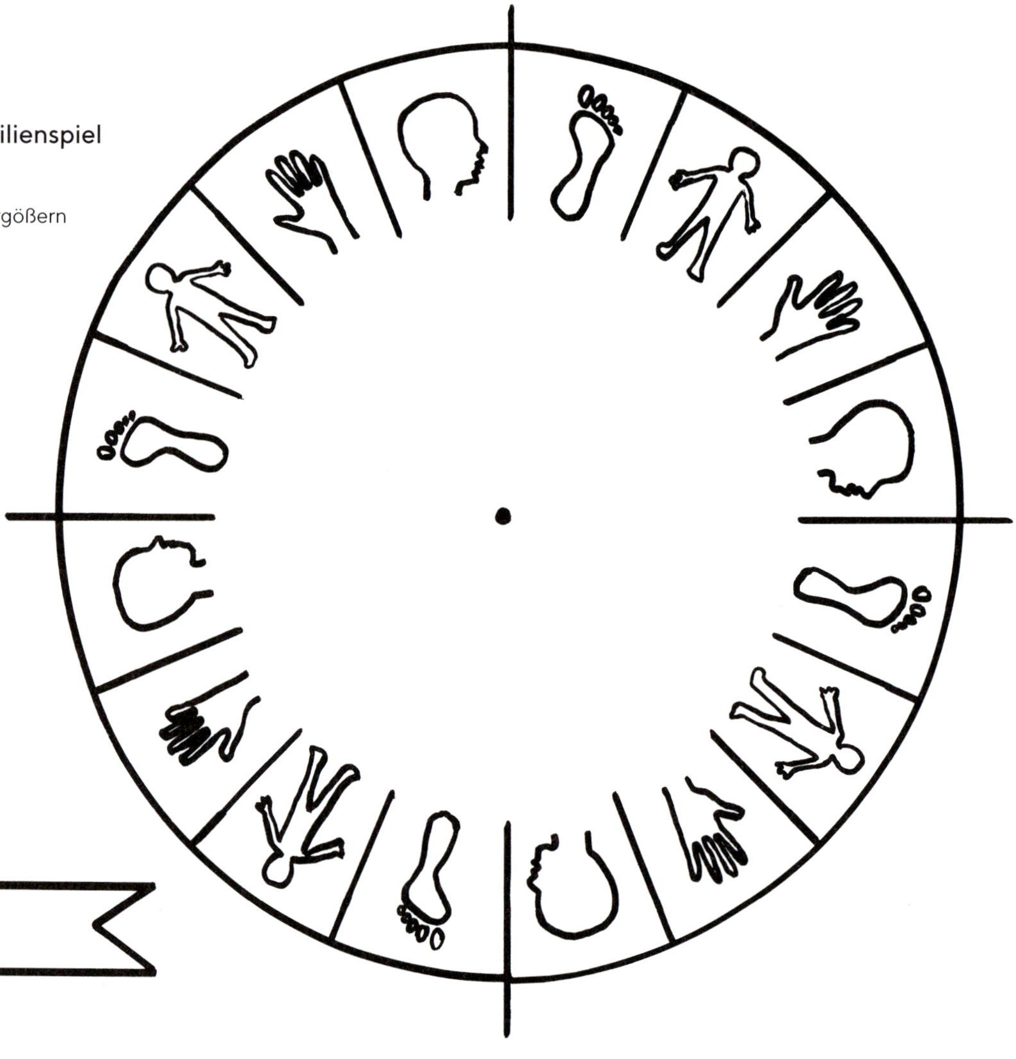

Schattenspiel
S. 42

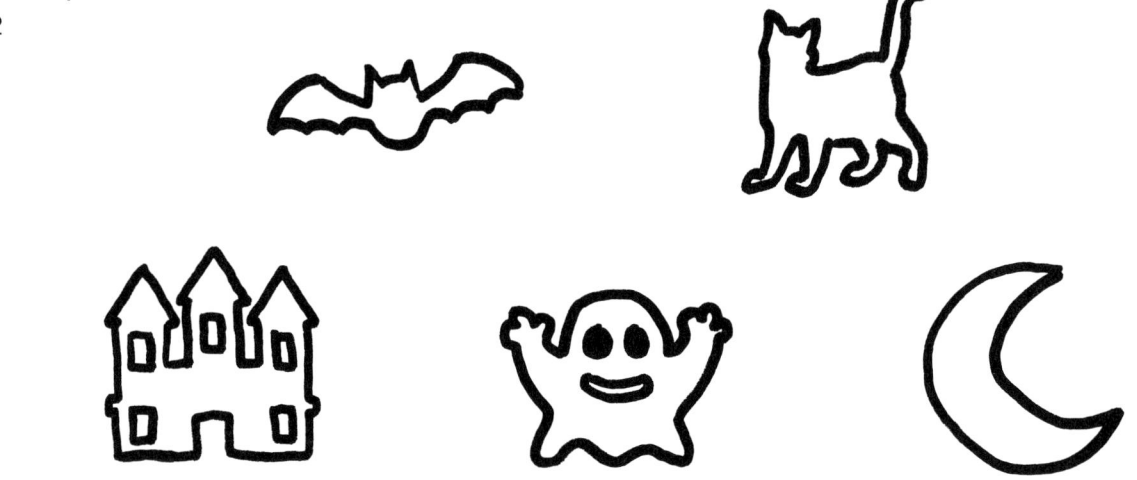

Kreativ am Basteltisch
Unterwasser-Bilder
S. 48

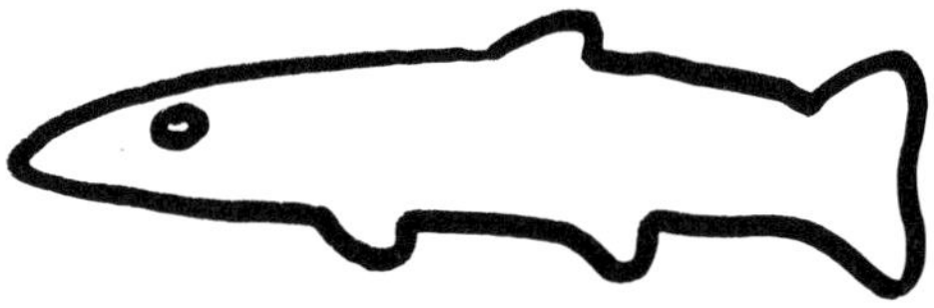

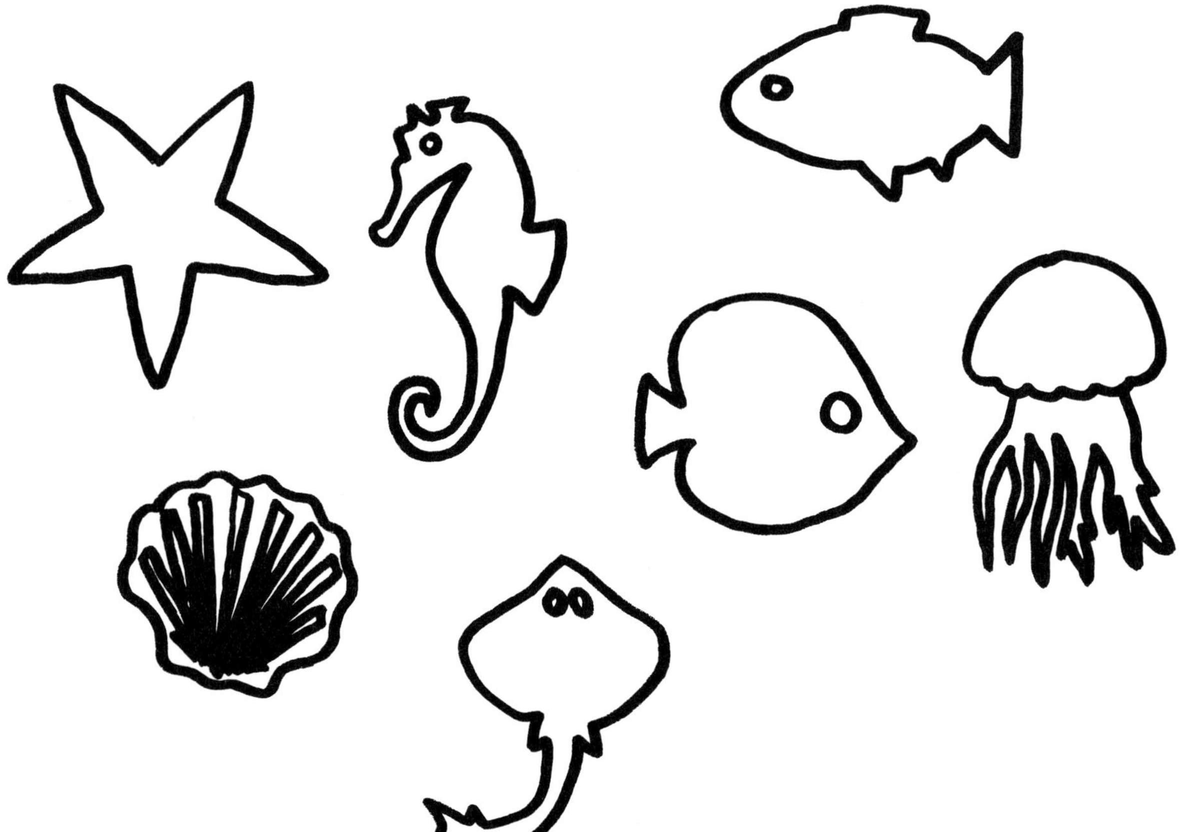

Fröhlich-frecher Falt-Fisch

S. 49

Vorlage bitte auf 125% vergößern

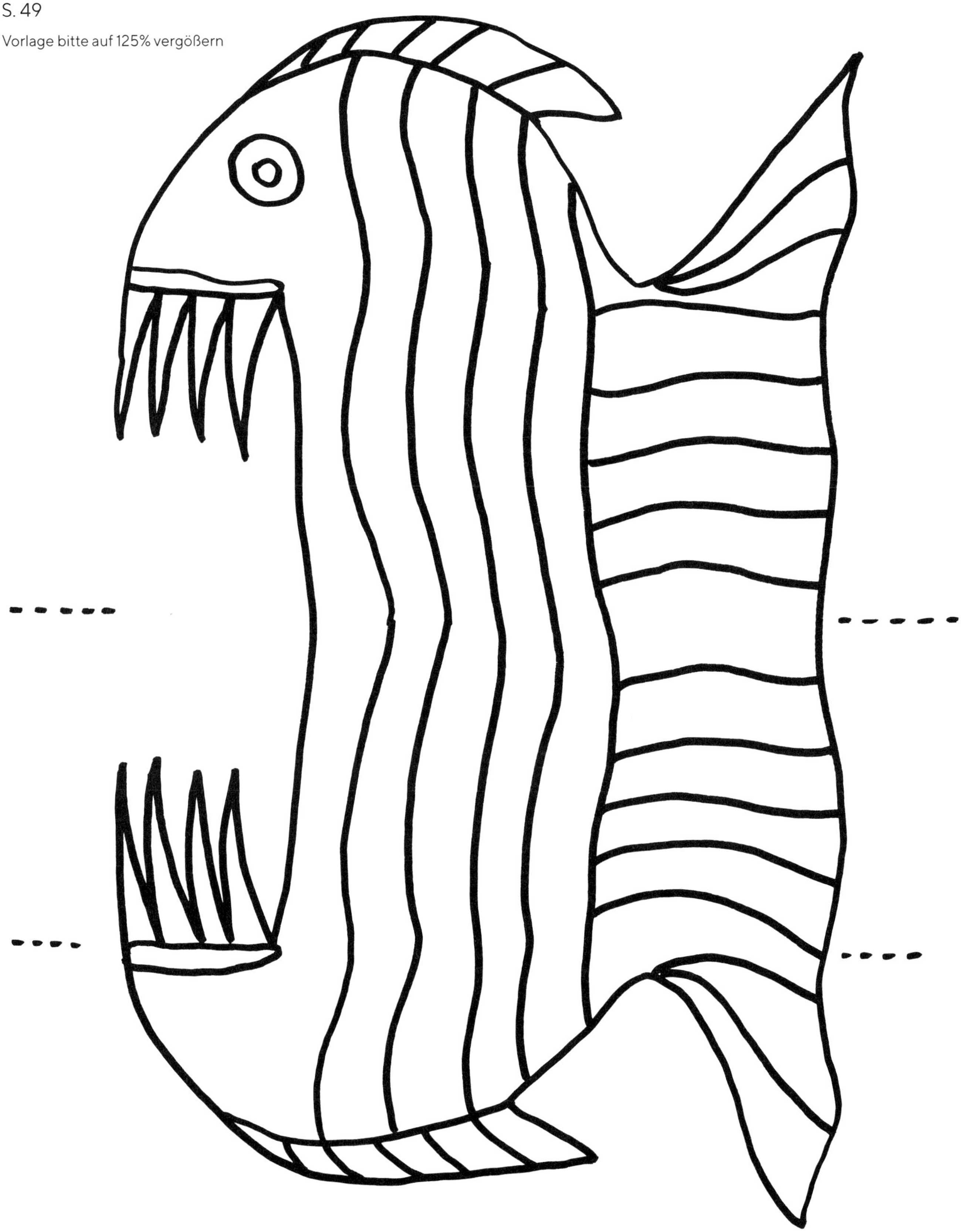

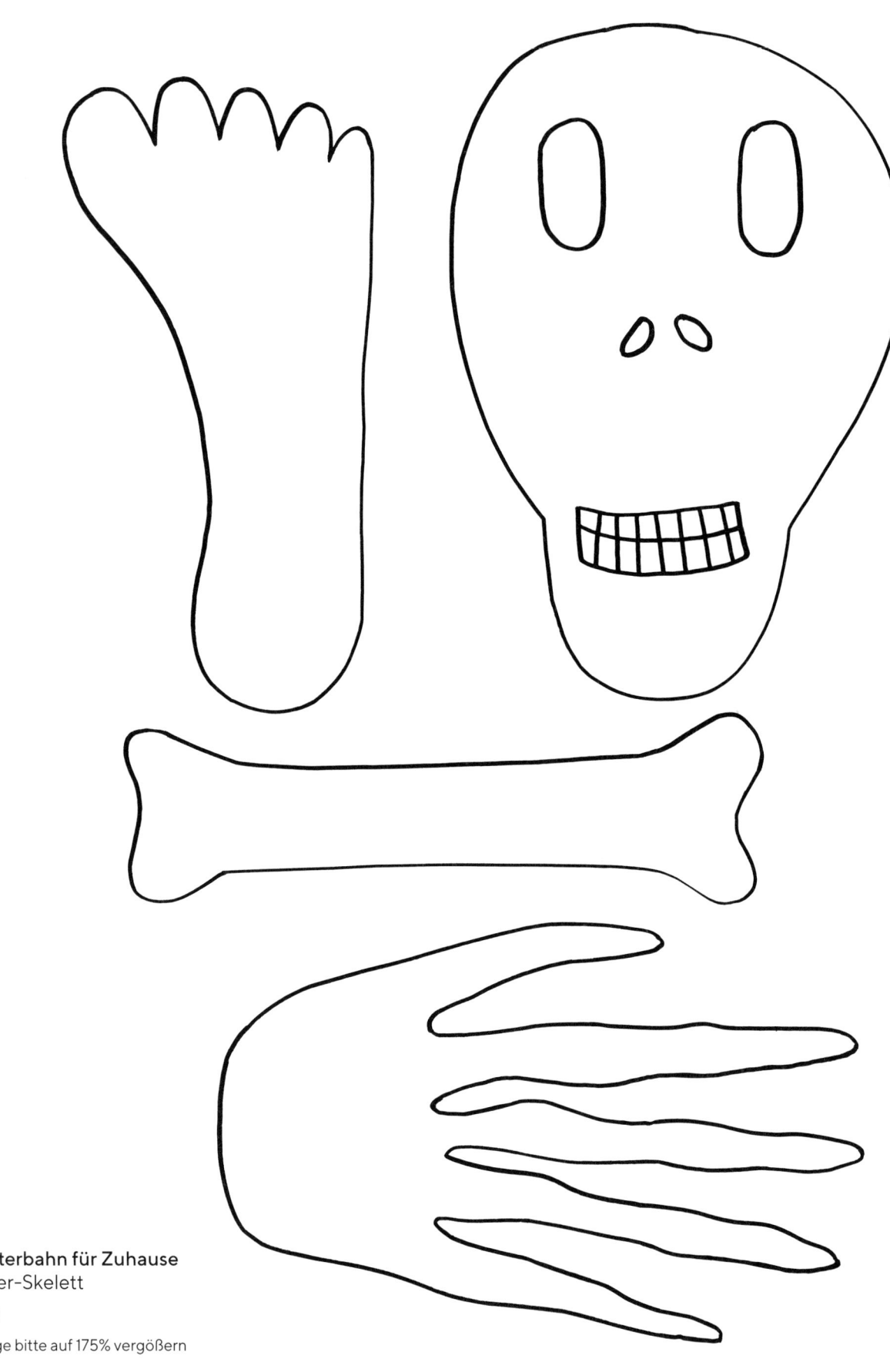

Geisterbahn für Zuhause
Papier-Skelett

S. 92

Vorlage bitte auf 175% vergößern

Stadt-Land-Fluss

Stadt	Land	Fluss	Name	Tier	Pflanze	Beruf	Punkte

Auto-Farben

	1	2	3	4	5	6	7	8	9	10	11	12	13	14	15

Straßen-Bingo

Tic-Tac-Toe

Gutschein
für das beste Kind auf der Welt

Schaut euch das Buch gemeinsam mit eurem Kind an und überrascht es anschließend mit diesem Gutschein, auf dem es ankreuzen kann, was es am liebsten mit euch machen möchte.

TIPP: Druckt den Gutschein direkt mehrfach aus, sodass ihr an freien Familiennachmittagen stets ein Exemplar zur Hand habt! Ihr könnt ihn kopieren oder downloaden. Registiert euch dafür unter www.topp-kreativ.de/digibib. Den Freischaltecode findet ihr im Impressum auf Seite 128.

für das beste Kind auf der Welt

für (bitte ankreuzen):

- Versteckspiel mit Kuscheltieren
- Zelten im Wohnzimmer
- Familien-Restaurant spielen
- Gemeinsam kochen
- Kinonachmittag
- Picknick im Haus
- Ausflug mit Auto-Spielen
- Eisbar
- Schoko-Stern backen
- Plätzchen backen
- Piratennachmittag
- Riesen-Seifenblasen
- Schattentheater

- Schiffchen basteln
- Bastelnachmittag
- Schüttelkugel basteln
- Eispalast bauen
- Memory® basteln
- Vogelfutter herstellen
- Knete selber machen
- Flaschenpost verschicken
- Foto-Magnete basteln
- Hindernis-Parcours machen
- Fußball-Krocket spielen
- Nachtwanderung machen
- Tanzabend veranstalten

- Blindekuh spielen
- Verknotetes Familienspiel spielen
- Mini-Olympiade
- Familienalbum basteln
- Geisterbahn
- Zauberpaket auspacken
- Kreide-Bilder malen
- Bilderbuch selber machen
- Fotoshooting
- Zeitkapsel
- Kürbisse schnitzen
- Zaubershow
- Zwergengold knacken

REGISTER

Buchempfehlungen für Sie

TOPP 7841
ISBN 978-3-7724-7841-3

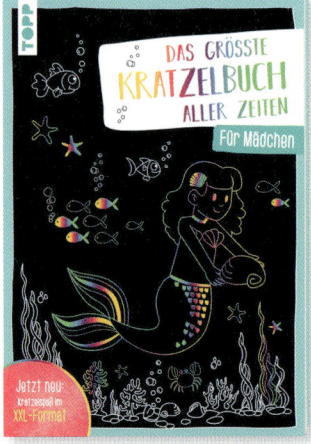

TOPP 7855
ISBN 978-3-7724-7855-0

TOPP 7830
ISBN 978-3-7724-7830-7

TOPP 7770
ISBN 978-3-7724-7770-6

TOPP 7849
ISBN 978-3-7724-7849-9

TOPP 7848
ISBN 978-3-7724-7848-2

TOPP 7836
ISBN 978-3-7724-7836-9

TOPP 7832
ISBN 978-3-7724-7832-1

TOPP 7837
ISBN 978-3-7724-7837-6

TOPP 7838
ISBN 978-3-7724-7838-3

TOPP 7839
ISBN 978-3-7724-7839-0

TOPP 7840
ISBN 978-3-7724-7840-6

TOPP 7856
ISBN 978-3-7724-7856-7

Kreativ-Bücher finden Sie auf www.TOPP-kreativ.de

Weitere Ideen zum Selbermachen gesucht?

Lieblingsstücke von einfach bis einfach genial finden Sie bei TOPP! Lassen Sie sich auf unserer Verlagswebsite, per Newsletter oder in den sozialen Netzwerken von unserer Vielfalt inspirieren!

Website

Verlockend: Welcher Kreativratgeber soll es für Sie sein? Schauen Sie doch auf **www.TOPP-kreativ.de** vorbei & stöbern Sie durch die neusten Hits der Saison!

TOPP-Autoren

Sie wollen wissen, wer die „Macher" unserer Bücher sind? Wer Ihnen nützliche Tipps & Tricks gibt? Auf **www.TOPP-kreativ.de/Autor** warten jede Menge spannender Infos zum jeweiligen Autor auf Sie. Finden Sie heraus, welches Gesicht hinter Ihrem Lieblingsbuch steckt!

Facebook

Werden Sie Teil unserer Community & erhalten Sie brandaktuelle Informationen rund ums Handarbeiten auf **www.Facebook.com/Mitstrickzentrale** Wer sich für Basteln, Bauen, Verzieren & Dekorieren interessiert, ist auf **www.Facebook.com/Bastelzentrale** genau richtig!

Pinterest

Sie sind auf der Jagd nach den neusten Trends? Sie suchen die besten Kniffe? Die schönsten DIY-Ideen? All' das & noch vieles mehr gibt es von TOPP auf **www.Pinterest.com/Frechverlag**

Newsletter

Bunt, fröhlich & überraschend: Das ist der TOPP-Newsletter! Melden Sie sich unter: **www.TOPP-kreativ.de/Newsletter** an & wir halten Sie regelmäßig mit Tipps & Inspirationen über Ihr Lieblingshobby auf dem Laufenden!

Extras zum Download in der Digitalen Bibliothek

Viele unserer Bücher enthalten digitale Extras: Tutorial-Videos, Vorlagen zum Downloaden, Printables & vieles mehr. Dieses Buch auch? Dann schauen Sie im Impressum des Buches nach. Sofern ein Freischaltcode dort abgebildet ist, geben Sie diesen unter **www.TOPP-kreativ.de/DigiBib** ein. Nach erfolgreicher Registrierung erhalten Sie Zugang zur digitalen Bibliothek & können sofort loslegen.

YouTube

Sie wollen eine ganz neue Technik ausprobieren? Sie arbeiten an einem spannenden Projekt, aber wissen nicht weiter? Unsere Tutorials, Werbetrailer, Interviews & Making Of's auf **www.YouTube.com/Frechverlag** helfen Ihnen garantiert dabei, den passenden Ratgeber von TOPP zu finden.

Instagram

Sie sind auf Instagram unterwegs? Super, TOPP auch. Folgen Sie uns! Sie finden uns auf **www.Instagram.com/Frechverlag** Möchten Sie uns an Ihrem Lieblingsprojekt teilhaben lassen? Am besten posten Sie gleich ein Foto mit dem Hashtag **#frechverlag** & wir stellen Ihr Werk gerne unserer Community vor – yeah!

Alles in einer Hand gibt's hier:

Kreativ-Bücher finden Sie auf www.TOPP-kreativ.de

Marisa Hart ist Autorin aus Leidenschaft. Seit über 5 Jahren schreibt sie auf ihrem erfolgreichen Blog *Baby, Kind & Meer* über ihr Familienleben, denn als Mutter von drei Kindern, darunter die beiden Töchter Lillian und Charlotte und Sohn Tom, gibt es jede Menge zu erzählen! Zusammen mit ihren Kindern und ihrem Mann Michael lebt sie an der wunderschönen Ostsee und lässt ihre Leser nicht nur an ihrem Familienalltag, sondern auch am Leben am Meer teilhaben. Außerdem hat sie ein Faible fürs Backen und ausgefallene Bastelprojekte. Mit ihrem Familienblog hat sie es geschafft, ihre Leidenschaft zum Beruf zu machen und Familie und Karriere auf kreative Art und Weise miteinander zu verbinden.

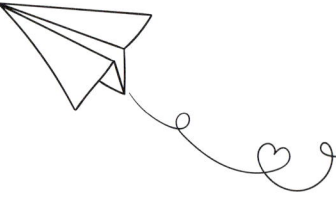

Danke!

An dieser Stelle möchte ich mich bei all den Menschen bedanken, die eine wichtige und bedeutende Rolle in meinem Leben spielen und nicht zuletzt zur Entstehung dieses Buches beigetragen haben. Bei Freunden, die mich seit vielen Jahren kennen und mir oft geholfen haben, den richtigen Weg einzuschlagen. Bei meinen Bloglesern, die unseren Blog *Baby, Kind & Meer* täglich lesen und unser kreativ-verrückt-abenteuerliches Familienleben seit knapp sechs Jahren verfolgen. Und nicht zuletzt bei meiner Familie, die mich überhaupt erst zu dem gemacht hat, was ich heute bin: Mama, Organisationstalent, Bloggerin, Autorin, Fotografin und Ehefrau. Dabei muss ich an den berühmt-berüchtigten Schmetterlingseffekt denken. Denn wäre in meinem Leben nur eine einzige Sache anders gelaufen, hätte ich mich in nur einer einzigen Situation anders entschieden, dann säße ich heute nicht hier und schriebe diese Danksagung. Darum möchte ich mich ganz besonders bei meinem Mann bedanken, der immer an mich geglaubt und mir stets den Rücken frei gehalten hat. Und bei meinen drei Kindern, ohne die mein Leben nicht so voller Liebe, Kreativität und Begeisterung wäre. Vor allem aber danke ich dem Leben dafür, dass es so absolut lebenswert ist, wenn man es nur richtig lebt!

Der Freischaltecode lautet: **16892**

IDEEN UND FOTOS: Marisa Hart
PRODUKTMANAGEMENT UND LEKTORAT: Anna Burger
LAYOUT UND SATZ: Konstanze Laue
DRUCK UND BINDUNG: DRUK-INTRO S.A., Polen

1. Auflage 2018
© 2018 frechverlag GmbH, Turbinenstraße 7, 70499 Stuttgart
ISBN 978-3-7724-7829-1 • Best.-Nr. 7829